Immer diese Zwinglis!

Arbeitshilfe zum Animationsfilm mit 7 Bausteinen für Schule und Kirche

Im Kontext der internationalen Reformationsfeierlichkeiten haben Kanton und Stadt Zürich, die Evangelisch-reformierte Landeskirche Zürich, der Reformierte Stadtverband Zürich und Zürich Tourismus den Verein «500 Jahre Zürcher Reformation» (www.zh-reformation.ch) ins Leben gerufen, der auch den Film *Immer diese Zwinglis!* und diese Arbeitshilfe grosszügig unterstützt hat.
Inhaltlich-kuratorische Gesamtleitung: Barbara Weber, Martin Heller

ZH-REFORMATION.CH

Kanton Zürich Lotteriefonds

Stadt Zürich

reformierte kirche kanton zürich

Zürich, Switzerland.

reformierte kirche zürich stadtverband

Wo nicht anders nachgewiesen, werden Bibelstellen nach der Zürcher Bibel (2007) zitiert.

Der Theologische Verlag Zürich wird vom Bundesamt für Kultur mit einem Strukturbeitrag
für die Jahre 2016–2018 unterstützt.

Bibliografische Informationen der Deutschen Nationalbibliothek
Die Deutsche Nationalbibliothek verzeichnet diese Publikation in der Deutschen Nationalbibliografie;
detaillierte bibliografische Daten sind im Internet über http://dnb.dnb.de abrufbar.

Gestaltung
Peter Hürlimann, Abteilung Kommunikation der Evangelisch-reformierte Landeskirche des Kantons Zürich

Satz und Layout
Juerg Giger, Scantop AG, Zizers; Druckerei Zollinger AG, Adliswil

Umschlaggestaltung
Juerg Giger, Scantop AG, Zizers; Illustration: Kati Rickenbach, www.katirickenbach.ch

Druck
AZ Druck und Datentechnik GmbH, Kempten

ISBN 978-3-290-18145-1
Theologischer Verlag Zürich, www.tvz-verlag.ch

Immer diese Zwinglis!

Arbeitshilfe zum
Animationsfilm
mit 7 Bausteinen
für Schule und Kirche

Herausgeber Institut Unterstrass an der
Pädagogischen Hochschule Zürich
Evangelisch-reformierte Landeskirche
des Kantons Zürich
Projektleitung Eva Ebel
Dorothea Meyer-Liedholz
Illustrationen Kati Rickenbach

T V Z

unterstrass.edu
WO WERTE SCHULE MACHEN

reformierte
kirche kanton zürich

Herausgeberinnen und Autorenteam

Eva Ebel, Prof. Dr. theol., Jahrgang 1971, ist Dozentin für Didaktik des Fachs Religion und Kultur und für ethische und religiöse Grundfragen am Institut Unterstrass an der Pädagogischen Hochschule Zürich.

Dorothea Meyer-Liedholz, Theologin und Religionspädagogin, Jahrgang 1961, entwickelt seit 2007 Lehrmittel und Praxismaterialien in der Abteilung Kirchenentwicklung der Evangelisch-reformierten Landeskirche des Kantons Zürich.

Markus Beile, Dr. theol., Jahrgang 1964, ist Pfarrer und Religionslehrer in Konstanz.

Jessica Stürmer Terdenge, Pfarrerin und Erwachsenenbildnerin, Jahrgang 1966, ist verantwortlich für Eltern- und Erwachsenenbildung sowie Konfirmationsarbeit in der Abteilung Kirchenentwicklung der Evangelisch-reformierten Landeskirche des Kantons Zürich.

Judith Stutz, MA Religionswissenschaft, Ethnologie und Kirchengeschichte, Jahrgang 1966, ist Fachreferentin am Landesmuseum Zürich und selbstständige Stadtführerin.

Angela Wäffler-Boveland, Pfarrerin und Ausbildungsleiterin DAS, Jahrgang 1957, ist Projektmitarbeiterin der Deutschschweizer Projektstelle wtb Fokus Theologie mit Sitz in Zürich.

Oliver Wupper-Schweers, Dipl.-Theol., Jahrgang 1969, ist verantwortlich für die Familien- und Konfirmationsarbeit in der Abteilung Kirchenentwicklung der Evangelisch-reformierten Landeskirche des Kantons Zürich.

Illustrationen

Kati Rickenbach, Illustratorin, Jahrgang 1980, ist Comiczeichnerin, Autorin, Livezeichenperformerin, Mitherausgeberin des Comicmagazins Strapazin und neuerdings auch Trickfilmerin.

Animationen

Franziska Meyer, Brunner&Meyer, Zürich, Jahrgang 1981, ist begeisterte Trickfilmerin und arbeitet in den Bereichen Produktion, Regie und Animation.

Vorwort

Die evangelischen Kirchen in aller Welt feiern das Reformationsjubiläum, in der Schweiz denkt man dabei besonders an Huldrych Zwingli. Aber wer weiss heute noch genau, was vor 500 Jahren in Zürich geschah? Und wie kann das anspruchsvolle Thema Reformation heutigen Kindern, Jugendlichen und Erwachsenen in verständlicher Form nähergebracht werden? Ein attraktives Medium ist der Animationsfilm. Ihn zeichnet aus, dass er pointierte Aussagen macht, einprägsame Bilder zeigt und gerade wegen der Verknappung auch kritische Nachfragen provoziert und zum Nachdenken inspiriert.
Ziel des Animationsfilms *Immer diese Zwinglis!* ist es, trotz der geforderten Kürze ein differenziertes Porträt von Huldrych Zwingli zu zeichnen. Und der Film kann und soll im Schulfach Religion und Kultur ebenso wie in Gefässen des kirchlichen Unterrichts zu einer intensiven Auseinandersetzung mit dem Reformator und den Folgen seines Wirkens anregen.
Um die schulischen und kirchlichen Lehrpersonen bei der Vermittlungsaufgabe zu unterstützen, wurde die vorliegende Arbeitshilfe mit sieben Unterrichtsbausteinen für die unterschiedlichen Fachprofile und Altersstufen erarbeitet – als Kooperationsprojekt zwischen dem Institut Unterstrass an der Pädagogischen Hochschule Zürich und der Evangelisch-reformierten Landeskirche des Kantons Zürich. Diese Zusammenarbeit zeigt beispielhaft, dass die im Kanton Zürich vollzogene Aufgabenteilung innerhalb der religiösen Bildung zwischen religionskundlicher Bildung in der Schule und konfessioneller Bildung in den Glaubensgemeinschaften nicht zu einem Kommunikationsabbruch führen muss, sondern gerade dazu animiert, das jeweilige Unterrichtsprofil im Dialog zu schärfen.
Für wertvolle Hinweise zur Sicherung der historischen Korrektheit danken wir Dr. Christian Moser, Institut für Reformationsgeschichte an der Universität Zürich. In theologischen und didaktischen Fragen haben uns Prof. Dr. Kuno Schmid, Luzern, und Pfrn. Sabine Stückelberger, Zürich, durch kritische Lektüre und konstruktive Anmerkungen unterstützt. Unser Dank geht auch an den Theologischen Verlag Zürich, besonders an Christine Forster Wenger, die die Arbeitshilfe mit grosser Sorgfalt lektoriert und das ganze Projekt mit viel Engagement begleitet hat, ebenso an Laura Hug, die sich unermüdlich um das Einholen der vielen Rechte gekümmert hat.

Hinweise zum Film *Immer diese Zwinglis!*
Der Film *Immer diese Zwinglis!* findet sich auf der Begleit-DVD dieser Arbeitshilfe (F). Der Film ist aber auch im Internet frei zugänglich, z. B. auf www.immerdiesezwinglis.ch, auf www.zh-reformation.ch oder auf Youtube. Weitere Informationen zum Film siehe G3 (S. 15–17).

Dank für Unterstützung
Die Realisierung des Animationsfilms *Immer diese Zwinglis!* und der Arbeitshilfe wäre ohne grosszügige finanzielle Unterstützung nicht möglich gewesen. Der Film und die vorliegende Arbeitshilfe sind ein Teilprojekt von ZH-Reformation, einem Langzeit-Festival zum Zürcher Reformationsjubiläum 2017–2019, das vom Verein «500 Jahre Zürcher Reformation» getragen wird. Auch unser Projekt wurde mit einem grossen Beitrag unterstützt.
Ausserdem danken wir folgenden Institutionen und Stiftungen für ihre Beiträge zur Herausgabe dieser Arbeitshilfe und zur Realisierung des Films: Pacte de l'audiovisuel 2016–2019, SRF MySchool, Ernst Göhner Stiftung, Dr. Adolf Streuli-Stiftung, Deutschschweizerische Kirchenkonferenz, Sophie und Karl Binding Stiftung, Entwicklungsfonds Institut Unterstrass, Evangelisch-reformierte Kirchgemeinde Langnau am Albis.

Für das Autorenteam

Eva Ebel
Institut Unterstrass an der PHZH

Dorothea Meyer-Liedholz
Evangelisch-reformierte Landeskirche des Kantons Zürich

Abkürzungen

Wichtige Kürzel mit Nomenklatur
G Grundlageninformationen (z. B. G1 informiert über das Leben von Huldrych Zwingli)
F Film *Immer diese Zwinglis!* (F *Immer diese Zwinglis!*: der zehnminütige Animationsfilm, zu dem diese Arbeitshilfe didaktische und methodische Ideen für Einsatzmöglichkeiten zeigt, befindet sich auf der Begleit-DVD, siehe unten *Zur Begleit-DVD*)
M Materialblatt (z. B. M1.1 ist das erste Materialblatt des Bausteins 1, verkleinerte Vorschau beim Baustein 1, das PDF von M1.1 findet sich auf der Begleit-DVD im Ordner «Materialblätter» zu Baustein 1, siehe unten *Zur Begleit-DVD*)
B Bonus-Material (z. B. B2.4 ist das vierte Bonus-Material zum Baustein 2, ein Screenshot, der sich auf der Begleit-DVD im Ordner «Bonus-Material» zu Baustein 2 findet, siehe unten *Zur Begleit-DVD*)

Sozialformen und Leitung
EA Einzelarbeit
PA Partnerarbeit
GA Gruppenarbeit
PL Plenum
UG gelenktes Unterrichtsgespräch
LV Lehrervortrag
L Leitung / leitende Person / leitendes Team

Anspruchspunkte
●○○ Basis-Anspruch
●●○ erweiterter Anspruch
●●● hoher Anspruch

Zur Begleit-DVD
Die Begleit-DVD zur Arbeitshilfe stellt den **Animationsfilm** (F) bereit. Ausserdem gibt es zu jedem der sieben Bausteine sowie zum Stadtrundgang einen Ordner, der die **Materialblätter** (PDFs aller zum Baustein gehörenden Materialblätter zum Ausdrucken; Vorschau beim Baustein in Form eines verkleinerten Abdrucks), viele Baustein-Ordner enthalten zusätzlich **Bonus-Material** (z. B. Screenshots, Bilder, Fotos, Illustrationen, zusätzliche Materialblätter, Filmausschnitte, Druckvorlagen), das heruntergeladen werden kann.
Voraussetzungen für die Nutzung der Begleit-DVD: Computer mit (gegebenenfalls externem) DVD-Laufwerk; Betriebssystem Windows 7 und höher, Android oder Mac OS X 10.6 und höher.

Das Farbkonzept der Bausteine: Orange für Schule – Blau für Kirche
Die Bausteine 1 bis 3 sind in Orangetönen gelayoutet. Es sind Bausteine, die für den bekenntnisunabhängigen schulischen Unterricht «Religion und Kultur» bzw. künftig «Religionen, Kulturen, Ethik» in Mittel- bzw. Oberstufe gedacht sind.
Die Bausteine 4 bis 7 sind in Blautönen gelayoutet. Es sind Bausteine, die für den kirchlichen Unterricht in Mittel- und Oberstufe bzw. für Angebote der Kirchgemeinde gedacht sind.
Manche Materialien eignen sich sowohl für schulische wie auch für kirchliche Zusammenhänge.

Inhalt

G1 Zum Leben von Huldrych Zwingli

Herkunft und Elternhaus (1484–1489)

1. Januar 1484 Ulrich Zwingli (später wird er sich Huldrych nennen) wird in Wildhaus im Toggenburg geboren. Er wächst in einer grossen Familie mit vielen Geschwistern auf. Sein Vater ist ein wohlhabender Bauer und Gemeindeammann von Wildhaus. Zeit seines Lebens ist Zwingli stolz auf seine bäuerliche Herkunft.

Das Geburtshaus Zwinglis in Wildhaus (SG), Ortsteil Lisighaus. Es wurde im 15. Jahrhundert gebaut und gehört zu den ältesten erhaltenen Bauernhäusern der Schweiz. ©Wikimedia Commons/Evacc

Schulbildung und Studium (1489–1506)

1489–1494 Als Ulrich fünf Jahre alt ist, schicken ihn seine Eltern nach Weesen am Walensee. Hier wohnt Ulrich bei seinem Onkel Bartholomäus und besucht die Schule.
1494–1498 Ulrich besucht in Basel und Bern die Lateinschule, die ihn auf eine höhere Bildung vorbereitet.

1498–1506 Ulrich studiert in Wien und Basel und schliesst mit dem Magister der «freien Künste» (*artes liberales*) ab. Anschliessend studiert Zwingli ein Semester Theologie.

Leutpriester in Glarus und Einsiedeln (1506–1518)

1506–1516 Huldrych Zwingli lässt sich zum Priester weihen und tritt seine erste Pfarrstelle in Glarus an. Neben seiner Tätigkeit als Priester für das Volk studiert er die Kirchenväter und lernt Griechisch, die Sprache des Neuen Testaments. Ebenso liest er intensiv die Schriften des Humanisten Erasmus von Rotterdam, den Zwingli 1516 in Basel besucht.
Als Feldprediger der Glarner Söldner (Reisläufer) erlebt Zwingli 1515 in Marignano die vernichtende Niederlage der eidgenössischen Söldner mit. Er wird ein entschiedener Gegner des Söldnerwesens (Reisläuferei).

Das Kloster Einsiedeln vor 1577 (älteste Ansicht des Klosters) ©Zentralbibliothek Zürich, Graphische Sammlung und Fotoarchiv

Tafel des Zwingliportals des Grossmünsters, die 1936–1938 vom Bildhauer Otto Münch gestaltet wurde: Zwingli ist Feldprediger und macht den Reisläufern Mut für den Kampf. ©Foto: Peter Hürlimann

1516–1518 Huldrych Zwingli ist Priester im Wallfahrtsort Einsiedeln. Neben der seelsorgerlichen Betreuung der Gemeinde und der Pilgerinnen und Pilger nutzt Zwingli die Gelegenheit und studiert in der grossen Bibliothek des Klosters. Zwingli vertieft sich in die biblischen Schriften und merkt, dass die Kirche in vielerlei Hinsicht nicht dem Geist der Bibel folgt. Zwingli kritisiert Missstände in der Kirche und will sich für Veränderungen einsetzen.

Leutpriester und Reformator in Zürich (1519–1531)

1. Januar 1519 Huldrych Zwingli tritt am Zürcher Grossmünster die Stelle als Leutpriester (Pfarrer/Priester für das Volk) an. Seine kritische Haltung gegenüber Missständen in Kirche und Gesellschaft (Details siehe G2) und sein Wille zur Veränderung waren ausschlaggebend für seine Wahl. Zwingli will, dass die Reformen auf der Grundlage der Bibel und des Evangeliums geschehen. So predigt er von Beginn an fortlaufend über biblische Bücher, und er fängt mit dem Matthäusevangelium an. Damit macht er klar: Im Zentrum soll die Bibel stehen. Das war ein Bruch mit der Tradition, die sich auf liturgische Bibeltexte und auf die Heiligen des jeweiligen Sonntags fokussiert hatte.

Hans Leu d. Ä., Grossmünster und Umgebung. Ausschnitt aus einem Altarbild (1497–1502) ©Foto: Schweizerisches Nationalmuseum, Zürich, DIG-4982

Tafel des Zwingliportals des Grossmünsters: «Nüt ist köstlicher dann d' Lieby» ©Foto: Jírí Vuřma, Aarau

Herbst 1519 Huldrych Zwingli erkrankt an der Pest, die Zürich heimgesucht hat. Viele sterben, doch Zwingli wird wieder gesund. Er nimmt sich vor, sein Leben ganz bewusst für Gott und die Erneuerung der Kirche einzusetzen. Später schreibt er das sogenannte Pestlied: «Din Haf bin ich …» (siehe StR2).

1522 Huldrych Zwingli zieht mit Anna Reinhart und ihren drei Kindern aus erster Ehe, Gerold, Margaretha und Agathe, zusammen. 1524 heiraten Anna und Huldrych im Grossmünster, obwohl der Bischof dem Priester Zwingli dazu keine Erlaubnis erteilt hat. Wenige Monate später kommt das erste gemeinsame Kind, Regula (1524–1565), zur Welt. Es folgen Wilhelm (1526–1541), Huldrich/Ueli (1528–1571) und Anna (1530–1531).

Mehr Informationen zum Leben und Wirken Huldrych Zwinglis und zur Zürcher Reformation bietet G2 (S. 10–14).

Zwinglis Tod und Fortbestand der Reformation

1529 Die kriegerische Auseinandersetzung zwischen den katholischen Innerschweizer Orten und dem reformierten Zürich kann im Ersten Kappelerkrieg mit dem legendären Essen einer Milchsuppe friedlich beigelegt werden. Doch der Konflikt flammt wieder auf.

Porträt Zwinglis von Hans Asper, 1531 ©Zentralbibliothek Zürich, Graphische Sammlung und Fotoarchiv, Huldrich Zwinglin, PAS II 25/30

11. Oktober 1531 Huldrych Zwingli stirbt im Zweiten Kappelerkrieg, zusammen mit 500 Zürchern. Seine Feinde vierteilen seinen Leichnam und verbrennen ihn. Deshalb hat Zwingli kein Grab.

16. November 1531 Der Zweite Kappeler Landfriede regelt das Nebeneinander von katholischem und reformiertem Glauben in der Eidgenossenschaft.

9. Dezember 1531 Heinrich Bullinger (1504–1575), Freund und Mitstreiter Zwinglis, wird zu dessen Nachfolger gewählt. Bullinger festigt die Reformation in Zürich, fördert durch regen Briefwechsel Kontakte in ganz Europa und wird noch zu Lebzeiten «Vater der reformierten Kirche» genannt.

1531–1538 Die Familie Zwingli lebt nach dem Tod des Vaters im Haushalt der Familie Bullinger.

1538 Anna Reinhart stirbt.

Erinnerung an Zwinglis Nachfolger Heinrich Bullinger: Statue am Grossmünster ©Patrick Gutenberg, Zürich

G2 Schwerpunkte des reformatorischen Wirkens Zwinglis in Zürich

Aufbruch in Zürich (1519–1522)

Kampf gegen Missstände

Die römische Kirche war zur Zeit Zwinglis in einem schlechten Zustand, Missstände waren offensichtlich. Der Kampf gegen das Reislaufen und der Widerstand gegen die kirchlichen Fastengebote sind Beispiele dafür, was für die Zürcher Reformation zentral war.

Kampf gegen das Reislaufen (Söldnerwesen)

Zwingli begann sein reformatorisches Wirken mit einem Angriff auf das schweizerische Söldnerwesen, auch Reislaufen genannt (*reis*: mittelhochdeutsch für Aufbruch, Fortbewegung oder Reise, hier im Sinne der Kriegs-Reise, des Kriegszugs). Der Leutpriester griff damit ein für Zürich brisantes Thema auf. Die Eidgenossen «exportierten» in grossem Stil Söldner, die für die Mächtigen Kriegsdienst leisteten.

Als im Frühjahr 1521 der französische König Franz I. das Bündnis zur Truppenanwerbung mit den eidgenössischen Orten erneuern wollte, wandte sich die Stimmung in Rat und Bevölkerung gegen das Reislaufen. Zwinglis Predigten und sein Wirken als politischer Gutachter trugen dazu bei. Er nannte das Söldnerwesen «Verkauf von Menschenfleisch», bezeichnete die Pensionen, die einflussreiche Politiker für die Möglichkeit zur Anwerbung von Reisläufern erhielten, als Bestechungsgelder und forderte ein Verbot des Reislaufens. Schliesslich verweigerte Zürich als einziger Ort der Eidgenossenschaft die Erneuerung des Bündnisses mit Frankreich und verbot am 11. Januar 1522 das Reislaufen.

Niklaus Manuel (1484–1530), *Der Reisläufer* ©bpk / Kupferstichkabinett, SMB / Jörg P. Anders

Widerstand gegen kirchliche Fastengebote

Der Ausgangspunkt der Zürcher Reformation war die Auseinandersetzung über die kirchlichen Fastenvorschriften, die den Gläubigen von der römischen Kirche ohne biblische Grundlage auferlegt wurden. Zwinglis kritischen (Predigt-)Worten liessen seine Mitstreiter nun Taten folgen. Beim sogenannten Wurstessen, das am 9. März 1522 im Haus des Zürcher Druckers und Verlegers Christoph Froschauer stattfand, wurden die vorösterlichen Fastenvorschriften demonstrativ gebrochen. 13 Personen hatten sich bei Froschauer versammelt, 12 brachen mit dem Verzehr eines Stücks Wurst die Fastenvorschriften. Zwingli war anwesend, ass aber nicht mit. Die Vorgänge wurden schnell öffentlich, auch andere brachen in der Folge demonstrativ das Fasten. In Zürich herrschte eine erregte Stimmung. Zustimmung und Begeisterung standen neben Erschrecken und Widerstand in Sorge um die Grundfesten der gesellschaftlichen Ordnung. Zwingli verteidigte die ungeheuerlichen Vorkommnisse in Predigten und Schriften: Da die Fastenvorschriften nicht in der Bibel verankert seien, müsse man sie um der evangelischen Freiheit willen übertreten. Damit griff Zwingli die Lehrautorität der römischen Kirche frontal an und kämpfte für mehr Freiheit in der persönlichen Lebensgestaltung. 1523, nach der Ersten Zürcher Disputation, schaffte der Rat der Stadt Zürich die Fastenvorschriften ab.

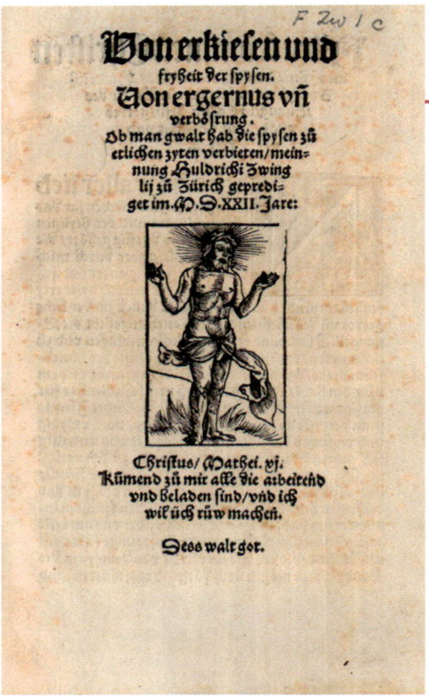

F Zw I c

Von erkiesen und fryheit der spysen. Von ergernus vñ verbösrung. Ob man gwalt hab die spysen zů etlichen zyten verbieten/ meinnung Huldrichi Zwinglij zů Zürich gepredi=get im. M.D.XXII. Jare:

Christus/ Mathei. xj. Kümend zů mir alle die arbeitend vnd beladen sind/ vnd ich wil üch růw machen.

Gess walt got.

Am 16. April 1522 erscheint Zwinglis Schrift *Von Erkiesen und Freiheit der Speisen*. Sie ist ein Plädoyer für die Freiheit in der Wahl der Speisen und basiert auf einer Predigt, die Zwingli zwei Wochen zuvor im Grossmünster gehalten hat. ©Zentralbibliothek Zürich, Alte Drucke & Rara

Durchbruch der Reformation in Zürich (1523–1524)

Hand in Hand: Der Reformator und die Stadt Zürich

Für die Zürcher Reformation spielte der Rat der Stadt eine zentrale Rolle. Die Neuerungen in Kirche und Staat wurden vom Kleinen Rat (Vertreter der führenden Familien) und dem Grossen Rat (Vertreter der Zünfte) gemeinsam beschlossen. Zwingli war nicht stimmberechtigt, wurde aber als Gutachter beigezogen. Förderer der Reformation waren auch die Zürcher Bürgermeister Markus Röist und, nach dessen Tod 1524, sein Sohn Diethelm.

Im Januar und Oktober 1523 fanden im Zürcher Rathaus grosse Disputationen statt, an denen die Neuerungen diskutiert wurden. Es wurde beschlossen, Zwingli solle sein Werk fortsetzen und das Evangelium gemäss der Bibel verkünden.

Erste Zürcher Disputation im Januar 1523 im Rathaus. Die Zeichnung findet sich in Heinrich Thomanns Abschrift (1605/06) von Heinrich Bullingers Reformationsgeschichte. ©Zentralbibliothek Zürich, Handschriftenabteilung, Ms. B 316, f. 75v

Neuerungen in Kirche und Gesellschaft (1524–1525)

Kirchenraum und Gottesdienst werden verändert

Zwingli wollte, dass auch der Kirchenraum und der Gottesdienst auf der Grundlage der Bibel umgestaltet werden. Nach der Zustimmung durch den Grossen Rat wurden Vertreter der Zünfte bestimmt, die im Juni 1524 die zahlreichen Altäre, Bilder und Skulpturen, also alles, was der Kirche äusserlichen Glanz verlieh und vom Hören des Wortes Gottes ablenken konnte, geordnet entfernten. Das Studium der biblischen Schriften und die Predigt des Evangeliums sollten im Mittelpunkt stehen.

Es dauerte noch fast ein Jahr, bis die mittelalterliche Messfeier abgeschafft wurde. Der erste evangelische Gottesdienst wurde im Frühjahr 1525 im Grossmünster gefeiert, er stellte die Predigt des Wortes Gottes ins Zentrum. Das Abendmahl wurde nun viermal im Jahr als Erinnerungs- und Gemeinschaftsmahl nach biblischem Vorbild gefeiert.

Hölzernes Abendmahlsgeschirr aus der Zeit Zwinglis, das im Grossmünster besichtigt werden kann. © Evangelisch-reformierte Kirchgemeinde Grossmünster in Zürich / Sascha Weisshaupt

Neugestaltung der Armenfürsorge

Das ausufernde Bettelwesen als Folge von strukturellem Wandel in Wirtschaft und Gesellschaft war in der Reformationszeit in vielen Städten ein grosses Problem. Vor der Reformation waren die Klöster und Kirchen die Hauptträger der Armenfürsorge gewesen. Über eine punktuelle Linderung der akuten Not war dieses Armenwesen aber nicht hinausgekommen. Für Zwingli war die Linderung der Armut eine politische, nicht nur eine karitative Aufgabe. So forderte er, dass der Rat der Stadt die Federführung in der Bekämpfung der Armut übernehme und sie nicht der kirchlichen Wohltätigkeit überliess. Am 15. Januar 1525 regelte der Rat der Stadt Zürich unter Zwinglis Mitwirkung die soziale Fürsorge in der nun reformierten Stadt neu. Das Betteln wurde verboten.

Tafel des Zwingliportals des Grossmünsters: Der Mushafen ©Foto: Peter Hürlimann

Im Dominikanerkloster (Predigerkloster) wurde eine städtische Armenküche, der «Mushafen», eingerichtet. Jeden Morgen wurde in einem grossen Kessel ein Brei aus Hafer, Gerste, Hirse oder anderem Getreide gekocht und für die Bedürftigen gratis bereitgestellt.

Vom Rat eingesetzte Armenpfleger gingen in die Häuser der Bedürftigen und setzten die Unterstützung von Fall zu Fall fest. Wer selbstverschuldet in Armut geraten war, wer einen unmoralischen Lebenswandel führte, fluchte oder teure Kleider trug, verlor seinen Anspruch auf Unterstützung und wurde erst wieder unterstützt, wenn er/sie «uf die letsten not kommen» ist. Dagegen versorgte die Stadt diejenigen, die durch einen Schicksalsschlag in Armut geraten waren oder deren Verdienst für die Ernährung der Familie nicht reichte. Die Kinder Armer konnten kostenfrei zur Schule gehen, sofern ihre schulischen Leistungen gut waren. Jede Zürcher Schule stellte acht Schulplätze für Kinder von Armen zur Verfügung. Nach Schulabschluss bezahlte die öffentliche Hand das Lehrgeld für ein Handwerk.

Die neue Armenfürsorge stillte nicht allein die Grundbedürfnisse der Armen, sondern verbesserte auch ihre Entwicklungschancen. Sie förderte die Eigenverantwortung. Den Armen sollte ein Weg aus der Armut eröffnet werden, damit sie wieder für sich selbst (und andere) sorgen konnten.

Wie kommt die Botschaft der Reformation zu den Menschen?

Zwingli predigt und veröffentlicht Schriften

Zwingli predigte mehrmals pro Woche. Seine Predigten bewegten die Menschen, denn Zwingli nahm brisante Themen auf, z. B. Zölibatsgesetz, Ordens- und Klostergelübde, Ablass, Wallfahrten, Heiligen- und Marienverehrung, Festkalender und Zehntenfrage. Mit Klarheit und Weitblick kritisierte er das religiöse und gesellschaftliche System, prangerte Missstände an und scheute sich nicht, sich mit den Mächtigen seiner Zeit anzulegen.

Im Lauf der Jahre veröffentlichte Zwingli eine ganze Anzahl Schriften. Bedeutsam war die Schrift *Auslegung und Gründe der Schlussreden oder Artikel* (1523), die wegweisend für die Umgestaltung von Kirche und Gesellschaft auf der Grundlage der Bibel war.

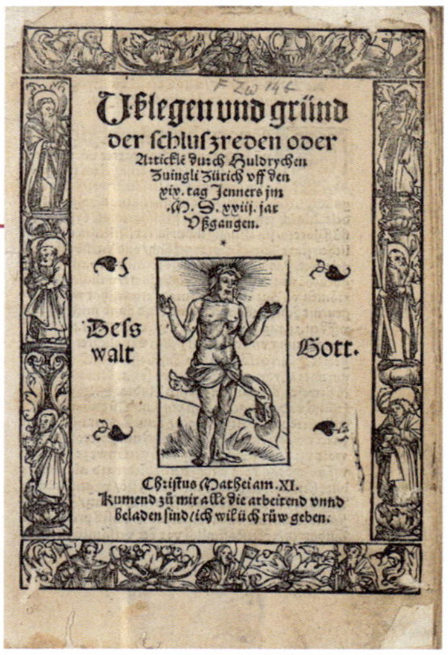

Titelblatt von Zwinglis Schrift *Usslegen und Gründ der Schlussreden oder Articklen*, gedruckt von Christoph Froschauer d. Ä., Zürich 1523. © Zentralbibliothek Zürich, Alte Drucke & Rara

Literaturhinweis: Thomas Brunnschweiler / Samuel Lutz (Hrsg.). *Huldrych Zwingli. Schriften.* 4 Bde. Theologischer Verlag Zürich, Zürich 1995.

Die Prophezei – «Schule für Pfarrer»

Als die Reformation in Zürich begann, gab es unter den Geistlichen in Stadt und Land nur wenige ausgebildete Theologen. Zwingli lag die gründliche theologische und philologische Ausbildung der reformierten Pfarrer am Herzen, denn er war sich bewusst, dass die Pfarrer Schlüsselpersonen für die Verbreitung der Reformation waren. Die evangelische Predigt sollte auf einem genauen Verständnis der biblischen Texte beruhen. Da die theologischen Ausbildungsstätten wie Wien, Heidelberg oder Basel (noch) altgläubig waren, kamen sie für Zürcher Pfarrer nicht mehr infrage. Die Reformation brauchte eine eigene Institution für die Fortbildung der Geistlichen und die Ausbildung des Nachwuchses. Am 19. Juni 1525 wurde auf Zwinglis Initiative hin und auf der Grundlage eines Ratsbeschlusses im Chor des Grossmünsters eine Theologenschule eingerichtet, die auch «Prophezei» genannt wurde (im Film «Schule für Pfarrer»). Zwingli lag eine gründliche und lebenspraktische Auslegung auf der Grundlage der Bibel in gemeinsamer Erforschung der Bibeltexte am Herzen. Die Pfarrer sollten befähigt werden, das Wort Gottes klar und verständlich zu verkünden. Die Prophezei wurde im Verlauf des Jahrhunderts zu einer angesehenen reformierten Akademie und war die Keimzelle der späteren theologischen Fakultät der Universität Zürich.

Das Titelblatt der Zürcher Bibel, die 1531 als erste deutsche Bibel der Reformationszeit in der vollständigen Übersetzung gedruckt vorlag. © Zentralbibliothek Zürich, Alte Drucke & Rara. (Weitere Informationen zur Reformation als Bibel- und Bildungsbewegung finden sich im Baustein 4 / M4.1 und im Baustein 7 / M7.8.)

Auseinandersetzungen und Konflikte (1524–1531)

Die Täuferbewegung

Die Schweizer Täuferbewegung hat ihre Wurzeln in der Zürcher Reformation. Felix Manz (ca. 1500–1527) und Konrad Grebel (1498–1526) zählten bis 1523 zum Kreis der konsequentesten Anhänger und Schüler Zwinglis. Schon vor dem Bruch mit Zwingli versammelten sie Laien in privaten Gemeinschaftskreisen zum Lesen der Heiligen Schrift und zum Gebet. 1523 brach offener Streit aus. Den Täufern gingen die Reformen in der Kirche nicht nur zu langsam voran, sie waren ihnen auch zu wenig radikal am Neuen Testament, an Urgemeinde und Bergpredigt orientiert.

Im Lauf des Jahrs 1524 rückte die Frage der Taufe ins Zentrum des Konflikts. Die Täufer vertraten nach neutestamentlichem Vorbild die Glaubens- und Bekenntnistaufe. Die Kindertaufe lehnten sie ab. Sie weigerten sich, auch nach obrigkeitlicher Aufforderung, ihre Kinder taufen zu lassen. Da die Kindertaufe der Aufnahmeritus in die kirchliche *und* in die staatliche Gemeinschaft war, spitzte sich der Konflikt zu. Die Täufer galten dem Rat der Stadt als aufrührerisch. Sie wurden nicht wegen Ketzerei, sondern wegen Ungehorsam gegen die bürgerlichen Gesetze angeklagt und verurteilt. Zwingli litt unter dem Konflikt, unterstützte aber, nach zahlreichen erfolglosen Vermittlungsgesprächen, ab Ende Dezember 1524 das harte Vorgehen des Rats. Er wollte die Reformation um keinen Preis gefährden. Am 5. Januar 1527 wurde die erste Todesstrafe für einen Täufer vollzogen: Felix Manz wurde in der Limmat ertränkt. Bis 1614 wurden in Zürich insgesamt sechs weitere Täufer hingerichtet.

Hinrichtung von zwei Täufern durch Ertränken in der Limmat. Die Zeichnung findet sich in Heinrich Thomanns Abschrift (1605/06) von Heinrich Bullingers Reformationsgeschichte. ©Zentralbibliothek Zürich, Handschriftenabteilung

Die Täuferinnen und Täufer erduldeten Geldbussen, Gefängnisstrafen, Folter, Verbannungen und Hinrichtungen im Geist der Bergpredigt. Sie wehrten sich nicht und waren zum Martyrium bereit. Für die Verfolger waren Folterung und Hinrichtungen der unbeugsamen Täuferinnen und Täufer beschämend, da sie deren aufrichtige Frömmigkeit und vorbildlichen Lebenswandel anerkennen mussten (siehe Baustein 3/ M3.8)

Erst 2004 entschuldigte sich die reformierte Kirche Zürich bei den Nachfahren der Täufer für ihr Handeln.

Die Altgläubigen (Katholiken)

Die Schlacht bei Kappel am Albis, 11. Oktober 1531. Holzschnitt in Johannes Stumpfs Chronik, 1547, nach einer Darstellung von Hans Asper ©Zentralbibliothek Zürich, Alte Drucke & Rara

Mitte der 1520er Jahre wurde deutlich, dass sich nicht alle Orte (Kantone) der Eidgenossenschaft für die Reformation gewinnen liessen. Zwar wurden Bern, Basel, St. Gallen und Schaffhausen reformiert, doch die Innerschweizer Orte entschieden sich, beim alten Glauben zu bleiben. Es kam zur konfessionellen Spaltung der Eidgenossenschaft. Im Ersten Kappelerkrieg (1529) konnte eine blutige Auseinandersetzung noch vermieden werden («Kappeler Milchsuppe»). Doch zwei Jahre später, am 11. Oktober 1531, kam es erneut zu einer kriegerischen Konfrontation, die für die Zürcher mit einer vernichtenden Niederlage endete. 500 Zürcher, unter ihnen Huldrych Zwingli, starben.

Der nachfolgende Friedensschluss (Zweiter Kappeler Landfriede) sicherte trotz der religiösen Spaltung den Bestand der Eidgenossenschaft und der Zürcher Reformation. Man kann sich fragen, ob die Reformation in Zürich von Dauer gewesen wäre, wenn nicht der junge Heinrich Bullinger die Leitung der reformierten Kirche übernommen hätte. Bullinger musste dem Rat der Stadt versprechen, sich nicht mehr direkt in die Politik einzumischen.

Literatur/Medien/Links und Filmtipp

Peter Opitz. *Ulrich Zwingli. Prophet, Ketzer, Pionier des Protestantismus.* Theologischer Verlag Zürich, Zürich ^{2}2017. 120 Seiten. (knappe, gut verständliche und bebilderte Beschreibung von Leben und Wirken des Zürcher Reformators)

Ulrich Gäbler. *Huldrych Zwingli. Leben und Werk.* Theologischer Verlag Zürich, Zürich 2004. 180 Seiten. (Biografie)

Amy Nelson Burnett / Emidio Campi (Hrsg.). *Die schweizerische Reformation. Ein Handbuch.* Theologischer Verlag Zürich, Zürich 2017. (Detaillierte Darstellung der Ausbreitung der reformatorischen Bewegung in den Städten Zürich, Bern, Basel, St. Gallen, Schaffhausen, in den ländlichen Gebieten wie Graubünden, Appenzell und in der französischsprachigen Schweiz, ebenso die gescheiterten Reformationen und die Täuferbewegung.)

Käthi Koenig-Siegrist (Hrsg.). *Orte der Reformation. Zürich.* Theologischer Verlag Zürich, Zürich 2016. 100 Seiten. (Das bebilderte Journal zeigt Zürich als Schauplatz der reformatorischen Umwälzungen, z. B. anhand einer Stadtführung mit Jugendlichen. Vielfältige Beiträge mit Bildern, Geschichten und Szenen zur Zürcher Reformation und zu ihrer Bedeutung für heute.)

Dorothea Meyer-Liedholz / Kati Rickenbach. *Mit vollem Einsatz. Ein Comic über das Leben von Huldrych Zwingli.* Theologischer Verlag Zürich, Zürich ^{2}2014. 32 Seiten, mit Glossar. (Der Comic, der die Grundlage des Animationsfilms *Immer diese Zwinglis!* ist, erzählt vom Leben und Wirken Zwinglis in Zürich, unterhaltsam und informativ zugleich.)

Dorothea Meyer-Liedholz u. a. *Wir glauben in Vielfalt. Arbeitshilfe mit Begleit-DVD für das 5.–7. Schuljahr (JuKi).* Theologischer Verlag Zürich, Zürich 2011. (AH JuKi) (Themenfeld 3 Die Zürcher Reformation: acht Bausteine zu vielfältigen Themen)

Annett Staubach / Rudolf Eizenhöfer. *Zwingli. Ein Glaube versetzt Berge.* Das Kinder- und Jugendmagazin «tut», Luzern ^{2}2017. 36 Seiten. (Der Comic erzählt die Geschichte des Zürcher Reformators Ulrich Zwingli von seiner Geburt in Wildhaus bis zu seinem Tod in Kappel aus katholischer Perspektive. Dabei steht die Frage im Zentrum, wie es zur Spaltung der Kirche in katholische und reformierte Christen kam. Mit vielen Info-Kästchen.)

Filmvorschau: *Zwingli. Der Reformator.* C-Films in Koproduktion mit Eikon. Regie: Stefan Haupt, Drehbuch: Simone Schmid. Schweizerdeutsch. Voraussichtlicher Kinostart: Januar 2019.

«Der Zürcher Reformator Huldrych Zwingli hat in wenigen Jahren die ganze Stadt Zürich und einen festverankerten Wertekanon auf den Kopf gestellt. Mit messerscharfem Verstand sezierte er das religiöse und gesellschaftliche System, er prangerte Missstände an und hatte keine Angst, sich mit den Mächtigsten seiner Zeit anzulegen. Am Ende starb er, der Kriegsgegner, in einem Krieg, den er selber befürwortet hatte.
Doch wer war dieser widersprüchliche Mann? Im Film *Zwingli. Der Reformator* wird Zwinglis Leben erzählt, das zwischen der unendlichen Liebe und gegenseitigem Unverständnis schwankte und das ebenso von Glück wie auch von Tragik gezeichnet war. Anhand von Annas Erzählungen erleben wir Zwingli als komplexen, vitalen Mann und Menschen, der weit mehr ist als eine historische Figur. Und zudem ganz und gar nicht jenem lustfeindlichen Zwingli-Bild entspricht, welches ein Grossteil der Menschen in sich trägt. *Zwingli. Der Reformator* wird so zu einem Film über Mut und Visionen; ein Film über den Kampf für die eigenen Ideale und über die Frage, ab welchem Zeitpunkt man noch für die Sache kämpft oder sich selber verrät.»
www.zwingli-film.ch/film

G3 Zum Animationsfilm *Immer diese Zwinglis!*

Allgemeine Angaben zum Film

Trickfilm/Animationsfilm *Immer diese Zwinglis!*; Länge: 10 Minuten; Sprache: Deutsch, Synchronisierung in Französisch, Englisch und Rätoromanisch, Untertitel in Italienisch; Format: HDTV 1080 – 25P; Technik: Digital Cut-Out und Zeichentrickfilm. Produzentin: Franziska Meyer, Brunner&Meyer; Regie: Kati Rickenbach, Franziska Meyer; Drehbuch: Kati Rickenbach, Dorothea Meyer-Liedholz; Musik: Christian Fischer, Tim&Puma Mimi; Animatoren: Stefan Holaus, Charlotte Waltert, Jonathan Wüst, Anete Melece; Praktikantin: Janine Richener; Sounddesign: Kobi Stoller, Audiolager, Bern; Storydoctor: Jochen Ehmann

www.immerdiesezwinglis.ch

Die Filmstory

Seit der Zürcher Pfarrer und Reformator Huldrych Zwingli auf dem Schlachtfeld in Kappel im Kampf für die Reformation gestorben ist, sind sieben Jahre vergangen. Die Zwingli-Kinder Regula, Wilhelm und der kleine Ueli sind in Zürich unterwegs und kommen in Kontakt mit Menschen, die direkt oder indirekt das Wirken ihres Vaters, der eine tiefgreifende Neuordnung von Kirche und Gesellschaft anstrebte, miterlebten. Begegnungen mit verschiedenen Menschen geben den beiden älteren Geschwistern Anlass, ihrem jüngeren Bruder, der noch klein war, als sein Vater starb, von dessen Taten zu erzählen: die Umgestaltung der Kirche auf der Grundlage der Bibel, die Neuordnung des Sozial- und Bildungswesens und mehr Freiheiten für die Lebensgestaltung des Einzelnen. Die Zürcher Reformation führte aber auch zu todbringenden Konflikten mit den Täufern und den Altgläubigen (Katholiken). Die Erinnerungen an den Vater sind Anlass für Diskussionen und Reflexionen unter den Geschwistern und im Gespräch mit der Mutter. Die Zwingli-Kinder finden eigene Wege, ihren Mut, ihre Einsatzbereitschaft und ihre Verantwortung für andere zu zeigen.

Die Filmstory spielt auf zwei Zeit- und Modusebenen, die durch die Familie Zwingli verbunden sind. Der Plot spielt 1538, sieben Jahre nach Zwinglis Tod. Hauptfiguren sind die drei Zwingli-Kinder, die mit ihrer Mutter Anna Reinhart in der Helferei nahe beim Grossmünster leben. So weit das historische Setting. Die Ausgestaltung der Figuren und Handlungen ist fiktional. Auf der zweiten Zeitebene ist das Wirken Zwinglis zwischen 1519 und 1531 in Rückblenden eingebaut, die sich in Farbgebung und technischer Umsetzung vom Plot unterscheiden.

I. Zwingli stirbt auf dem Schlachtfeld bei Kappel

Kampfgeschrei, Schwerter, Blut auf der Bibel Zwinglis! Der Film beginnt mit der Todesszene Zwinglis im Zweiten Kappelerkrieg 1531. Die Reformierten verlieren den Glaubenskrieg gegen die katholischen Innerschweizer. Der Zürcher Reformator Huldrych Zwingli stirbt auf dem Schlachtfeld, zusammen mit vielen anderen.

II. Gottesdienst im Grossmünster

Sieben Jahre später. Es ist das Jahr 1538. Die Zwingli-Kinder Regula, Wilhelm und Ueli sind im Grossmünster im Gottesdienst. Heinrich Bullinger, der Nachfolger Zwinglis, predigt. Die Kinder langweilen sich und beginnen, über ihren Vater zu reden. Die grösseren Geschwister erzählen Ueli von den Predigten des Vaters, die immer spannend waren, denn Zwingli wollte Missstände wie z. B. das Reislaufen (Söldnerwesen) beseitigen. Die Zwingli-Kinder werden wegen ihres unangemessenen Verhaltens aus der Kirche geworfen.

III. Zwinglis gute Ideen: Gespräch mit seinem Mitstreiter

Vor dem Grossmünster begegnen die Kinder einem früheren Mitstreiter ihres Vaters, der draussen in der Sonne sitzt und es sich gut gehen lässt. Er erzählt den Kindern, was Huldrych Zwingli alles in Zürich bewegt hat: Bilder, Altäre und die liturgischen Gerätschaften wurden aus der Kirche entfernt, die Bibel auf Deutsch übersetzt und die Bildung auf allen Ebenen gefördert.

IV. Begegnung auf dem Markt: Warum sind wir «Wurstfresser»?

Die Kinder gehen nach Hause und erhalten von ihrer Mutter Anna Reinhart den Auftrag, ein Suppenhuhn zu kaufen. Auf dem Markt werden die Zwingli-Kinder von Peter und Bully als «Wurstfresser» gehänselt, was Ueli nicht versteht. Auf dem Weg nach Hause erzählt Regula ihrem kleinen Bruder die Hintergründe: Es geht um ein ganz besonderes Wurstessen – und zwar in der Fastenzeit –, zu dem auch der Vater eingeladen war. Zwingli war gegen kirchliche Gesetze, die nicht in der Bibel verankert waren. Er setzte sich erfolgreich dafür ein, dass das Fasten in Zürich abgeschafft wurde.

Hinweis: In Zürich wurden zur Reformationszeit nicht nur am Sonntag, sondern auch an Werktagen Gottesdienste gefeiert.

V. Eine schlimme Geschichte: Der Täufer Felix Manz wird ertränkt

Auf dem Weg nach Hause sehen die Zwingli-Kinder eine trauernde Frau an der Limmat. Es ist die Mutter des Täufers Felix Manz. Ueli erfährt nun von der Verfolgung der Täuferinnen und Täufer, die eine radikalere Reformation wollten. Felix Manz wurde mit Zustimmung von Zwingli vom Rat der Stadt zum Tod durch Ertränken verurteilt. Doch warum? Felix Manz hat doch gar nichts Schlimmes getan!

VI. Gespräch am Esstisch: Warum hat der Vater den Täufer nicht gerettet?

Warum hat der Vater den Täufer nicht gerettet? Diese Frage beschäftigt Ueli sehr. Mutter Anna versucht, ihrem Sohn zu erklären, wie es dazu kam, dass die Täufer verfolgt und getötet wurden: Es kann doch nicht jeder tun, was er will! Der Vater fürchtete das Chaos und er sah sein Lebenswerk in Gefahr. In der Folge kam es dann auch zum Krieg gegen die katholischen Innerschweizer und zum Tod Zwinglis und vieler Zürcher auf dem Schlachtfeld von Kappel.

VII. In der Schule: Die Zwingli-Kinder ergreifen Partei

Die Schulglocke läutet. Die Kinder brechen auf, es ist Zeit, in die Schule zu gehen. In der Klasse ist Konrad, ein Schüler aus armen Verhältnissen. Konrad wird von Peter und Bully, die aus reichen Zürcher Familien kommen, gemobbt. Die Zwingli-Kinder ergreifen Partei für Konrad. Sie machen sich stark für die Errungenschaft Zwinglis, dass auch arme Kinder die Schule besuchen dürfen. Wieder fliegen die Zwingli-Kinder raus, diesmal aus dem Unterricht. «Immer diese Zwinglis!», ruft der Lehrer den Kindern nach.

Aktuelle Anknüpfungen

Die Zwingli-Kinder sind Identifikationsfiguren und Sympathieträger. Sie bringen Fragen, die die Geschichte der Zürcher Reformation aufwirft, durch Kindermund und auf individueller Ebene zur Sprache. Die Sichtweise und Fragen der Kinder, die Antworten und Emotionen der Kinder und Anna Reinharts könnten unsere sein. Die Schlussfolgerungen und Wertungen der Identifikationsfiguren kommentieren Wirken und Wirkung Zwinglis und der Zürcher Reformation. Sie laden die Zuschauerinnen und Zuschauer ein, selbst Stellung zu beziehen und aktuelle Anknüpfungspunkte zu diskutieren. Wofür setze ich mich ein? Wie viel Freiheit brauche ich und wo sind die Grenzen der Freiheit? Was ist die Grundlage des Glaubens? Wie lässt sich die Bibel heute verstehen? Wie steht es heute um Bildungschancen für alle, gerade in weltweiter Perspektive? Wie können Menschen unterschiedlichen Glaubens friedlich zusammenleben? Wie gewinne ich Mut, zur eigenen Meinung zu stehen? Warum soll ich mich für andere einsetzen?

***Immer diese Zwinglis!* im Internet**
Der Film *Immer diese Zwinglis!* ist auf der Begleit-DVD zu dieser Arbeitshilfe verfügbar. Ausserdem ist der Film im Internet frei zugänglich, z. B. auf www.immerdiesezwinglis.ch, auf www.zh-reformation.ch oder auf Youtube.

Die Screenshots sind aus dem Animationsfilm *Immer diese Zwinglis!*

1 Schon gehört von Huldrych Zwingli? (90′)

Baustein für den schulischen Unterricht in der Mittelstufe

Eva Ebel, Zürich

Darum geht es

Die Schülerinnen und Schüler erwerben Grundwissen über das Wirken Huldrych Zwinglis in Zürich, indem sie die einzelnen Szenen des Animationsfilms analysieren. Sie nehmen Zeichen der Erinnerung an den Zürcher Reformator in ihrer Lebenswelt wahr und denken darüber nach, warum diese Erinnerung heute noch gepflegt wird.

Zeit	**Unterrichtsphase** / Aktivität *(Sozialform)*	Material
20′	**Einstieg** Präkonzept zu Huldrych Zwingli aktivieren *(EA – PA – PL)* Vermutungen, Wissen und offene Fragen sammeln *(UG)*	M1.1, Notizzettel, Stifte Plakat, Faserschreiber, G1–2
45′	**Erarbeitung** In den Animationsfilm einführen *(LV)* Den Animationsfilm sehen und Verständnisfragen klären *(PL – UG)* Neues Wissen über das Wirken Zwinglis in Zürich anhand der Einzelszenen erwerben und ein Fazit formulieren *(PA)*	G3 F *Immer diese Zwinglis!* Notizpapier, Stifte, B1.2
25′	**Vertiefung** Variante 1: Details des Zwingli-Denkmals mit neuem Wissen über Zwingli verknüpfen *(UG)* ●○○ Variante 2: Die bis heute gepflegte Erinnerung an Zwingli erklären *(PA – UG)* ●●○	M1.2 M1.1, evtl. M1.3
	Zusatzaufgaben • Wirkungsstätten Zwinglis in Zürich kennenlernen *(EA)* ●○○ • Wichtige Lebensstationen Zwinglis kennenlernen *(PA)* ●●○ • Die Kindheit Zwinglis kennenlernen und seine Gefühle als Kind nachvollziehen *(EA oder PA)* ●●○ • Ein eigenes Denkmal für Huldrych Zwingli gestalten *(EA oder PA)* ●●● • Sich kritisch mit Zwinglis «Heldentod» auseinandersetzen *(PA – UG)* ●●●	Stadtplan von Zürich oder M1.4 M1.5, Schweizer Karte M1.6, *Zwingli. Ein Glaube versetzt Berge*, S. 4–7 Zeichen- und Gestaltungsmaterial M1.7, Notizpapier, Stifte

Anforderungssituation

In ihrer Lebenswelt begegnen die Schülerinnen und Schüler verschiedenen Formen der Erinnerung an Huldrych Zwingli. Kirchen, Kirchgemeinden und Strassen in ihrem Wohnort sind nach dem Reformator benannt. Beim Besuch einer reformierten Kirche entdecken sie bildliche Darstellungen oder Zitate Zwinglis. In verschiedenen Schweizer Orten wurden für Zwingli selbst und für die Ereignisse, in die er involviert war, Denkmäler errichtet, die vielfach das Ziel von Schulreisen sind: In Wildhaus kann Zwinglis Geburtshaus besichtigt werden. In Zürich steht eine Statue Zwinglis neben der Wasserkirche. In Kappel am Albis wird mit dem Milchsuppenstein und dem Zwingli-Denkmal an die Auseinandersetzungen zwischen Altgläubigen und Reformierten erinnert, in denen Zwingli und mit ihm viele andere den Tod fanden.

Den Schülerinnen und Schülern fehlt es oftmals an grundlegendem Wissen, wer Huldrych Zwingli war, was er gemacht hat und weshalb man heute noch an ihn denkt. Sie fragen sich, warum es auch für nicht reformierte Menschen spannend und wichtig sein soll, etwas über das Leben und Wirken des Zürcher Reformators zu wissen.

Verortung im Lehrplan 21

Die Schülerinnen und Schüler können

- in der Umgebung und in Medien religiöse Spuren entdecken, Informationen dazu erschliessen und darstellen (NMG 12.1c);
- verschiedene Religionen und Konfessionen benennen und anhand elementarer Merkmale beschreiben und unterscheiden (z. B. Feste, Gebäude, Gegenstände, Geschichten, Lehren) (NMG 12.5d).

Angestrebte Kompetenzen

Die Schülerinnen und Schüler können

- in ihrer Lebenswelt Spuren des Reformators Huldrych Zwingli entdecken;
- dem Animationsfilm *Immer diese Zwinglis!* erste Informationen zu Wirkungsstätten und Taten Zwinglis in Zürich entnehmen und dazu weiterführende Fragen stellen;
- erklären, warum heute noch an Zwingli erinnert wird.

Screenshot: Zwingli will die Heiligenbilder aus dem Grossmünster entfernen, aus dem Animationsfilm *Immer diese Zwinglis!* © Evangelisch-reformierte Landeskirche des Kantons Zürich / Kati Rickenbach / Brunner&Meyer, Zürich

Unterrichtsvorschlag

Einstieg (20′)

■ *Präkonzept zu Huldrych Zwingli aktivieren*

Der Bilderbogen zu sichtbaren Erinnerungen an Huldrych Zwingli (M1.1/B1.1a–f), der im besten Fall durch entsprechende Beispiele aus dem eigenen Ort ergänzt wird, dient als Einstieg für eine Aktivierung des Präkonzepts der Schülerinnen und Schüler nach dem Think-Pair-Share-Prinzip (Denken-Austauschen-Präsentieren-Prinzip): Die Schülerinnen und Schüler «denken» in Einzelarbeit, gewinnen dann durch «Austauschen» in Partnerarbeit Sicherheit und «präsentieren» einen gemeinsamen Beitrag für das Plenum zu Fragen wie «Wer war dieser Zwingli?», «Warum wird sein Name heute noch zur Bezeichnung von Strassen, Kirchen o.Ä. verwendet?».

■ *Vermutungen, Wissen und offene Fragen sammeln*

Im Unterrichtsgespräch im Plenum sammeln die Schülerinnen und Schüler, moderiert von der Lehrperson, auf je einem Plakat oder an der Wandtafel Vermutungen, bereits vorhandenes Wissen und offene Fragen zu Huldrych Zwingli und seinem Wirken (zur Orientierung siehe G1 und G2). Auf die drei Plakate mit den Titeln «Vermutungen», «Wissen», und «Fragen» kann im weiteren Verlauf zurückgegriffen werden. Dabei kann durch Korrekturen, Streichungen und Ergänzungen der Lernfortschritt visualisiert werden.

Erarbeitung (45′)

■ *In den Animationsfilm einführen*

Die Lehrperson gibt eine kurze Einführung zum Animationsfilm *Immer diese Zwinglis!*: zwei Handlungsebenen, szenenartige Rückblicke auf das Wirken Huldrych Zwinglis (zur Orientierung siehe G3).

■ *Den Animationsfilm sehen und Verständnisfragen klären*

Die Schülerinnen und Schüler sehen den gesamten Animationsfilm (F) und haben anschliessend Gelegenheit, im Plenum Verständnisfragen zu stellen und diese miteinander oder mithilfe der Lehrperson zu klären.

■ *Neues Wissen über das Wirken Zwinglis in Zürich anhand der Einzelszenen erwerben und ein Fazit formulieren*
Für das zweite Sehen des Films erhalten die Schülerinnen und Schüler einen Auftrag: Notiert zu zweit zu jeder Szene, was Zwingli getan hat oder was ihm wichtig war! – Der Film wird Szene für Szene gezeigt (siehe G3). Nach jeder Szene ist Zeit für den Austausch zu zweit und das Notieren von Stichworten. Nachdem die Schülerinnen und Schüler alle Einzelszenen gesehen haben, ziehen sie Bilanz. Impuls: Welches Bild hat Ueli nun von seinem Vater? – Das Fazit kann auf dem Bild Uelis (siehe Bonus-Material B1.2) in die Sprechblase eingetragen werden.

Vertiefung (25')
■ *Variante 1: Details des Zwingli-Denkmals mit neuem Wissen über Zwingli verknüpfen* ●○○
Als Grundlage für das Unterrichtsgespräch im Plenum wird ein Foto des Zwingli-Denkmals neben der Wasserkirche in Zürich (M1.2) genauer betrachtet. Gesprächsimpuls: Auf welche Eigenschaften und Taten Zwinglis verweisen die einzelnen Elemente der Statue? Auf welche Aspekte seines Wirkens wird nicht verwiesen? – Die Schülerinnen und Schüler deuten die Kleidung Zwinglis als Amtskleidung eines Gelehrten oder eines Pfarrers, die Bibel als Hinweis auf Zwinglis Tätigkeit als Bibelübersetzer und das Schwert als Hinweis auf seinen Tod auf dem Schlachtfeld. Sie bemerken, dass z. B. auf die Umgestaltung des Kirchenraums, den Zugang zu Schulen auch für Arme oder den Umgang mit den Täufern nicht angespielt wird.

■ *Variante 2: Die bis heute gepflegte Erinnerung an Zwingli erklären* ●●○
Die Lehrperson verweist auf den Bilderbogen (M1.1/ B1.1a–f), der beim Einstieg betrachtet wurde. In Partnerarbeit machen die Schülerinnen und Schüler kurze schriftliche Notizen oder tauschen sich mündlich aus, warum bis heute die Erinnerung an Zwingli gepflegt wird und welche Taten ihnen besonders erinnerungswürdig erscheinen. Im Unterrichtsgespräch werden die Gedanken der Schülerinnen und Schüler zusammengetragen. Ggf. zeigt die Lehrperson die Gedenktafel für die ertränkten Täufer an der Limmat in Zürich (M1.3).

Zusatzaufgaben
Die Zusatzaufgaben können von einzelnen Schülerinnen und Schülern oder der gesamten Lerngruppe alternativ oder zusätzlich in weiteren Lektionen bearbeitet werden.

■ *Wirkungsstätten Zwinglis in Zürich kennenlernen* ●○○
Die Schülerinnen und Schüler markieren (z. B. durch Einkreisen oder Aufkleben von Post-its) in Partnerarbeit einzelne Zürcher Wirkungsstätten Zwinglis auf einem heutigen Zürcher Stadtplan ein und auf der Illustration (M1.4). Sie erläutern die Bedeutung der einzelnen Orte: Grossmünster (Predigtort), Kreuzgang des Grossmünsters (Prophezei, im Animationsfilm: «Schule für Pfarrer»), Haus zur Sul und Helferei (Wohnhäuser der Familie Zwingli), Froschaugasse (Haus des Buchdruckers Christoph Froschauer, der die Zürcher Bibel gedruckt hat; noch nicht Froschauers Wohnort zur Zeit des Wurstessens 1522).

■ *Wichtige Lebensstationen Zwinglis kennenlernen* ●●○
Die Schülerinnen und Schüler studieren zu zweit Zwinglis kurzgefasste Biografie (M1.5) und tragen seine Lebensstationen in eine Schweizer Karte ein.

■ *Die Kindheit Zwinglis kennenlernen und seine Gefühle als Kind nachvollziehen* ●●○
Ergänzend zum im Animationsfilm dargestellten Wirken Zwinglis in Zürich kann ein inhaltlicher Schwerpunkt auf die Lebensphase gelegt werden, in der sich die Schülerinnen und Schüler selbst gerade befinden bzw. in der Zwingli schon nicht mehr in Wildhaus bei seinen Eltern und Geschwistern lebte. Mit den Seiten 4–7 des Comics *Zwingli. Ein Glaube versetzt Berge* können Kindheit und Ausbildung Zwinglis stufengerecht visualisiert werden. Insbesondere die Darstellung des Abschieds vom Elternhaus mit den Worten «Mach's guet, Mami!!!!» kann hinterfragt werden (M1.6), indem die Schülerinnen und Schüler in Einzel- oder Partnerarbeit die unausgesprochenen Hoffnungen und Ängste des Kinds formulieren. Impuls: Versetzt euch in Uelis Situation! Mit welchen Gefühlen hat er seine Familie verlassen? Formuliert Uelis Gedanken!

■ *Ein eigenes Denkmal oder eine Gedenktafel für Huldrych Zwingli entwerfen* ●●●
Die Schülerinnen und Schüler zeichnen oder gestalten plastisch in Einzel- oder Partnerarbeit ein eigenes Denkmal für den Zürcher Reformator, das die Aspekte seines Lebens und Wirkens dokumentiert, die ihnen persönlich wichtig sind. Die Lehrperson ermutigt die Schülerinnen und Schüler, nicht nur einen «Helden» darzustellen, sondern auch die Ambivalenz, die im Animationsfilm stellvertretend durch den jüngsten Zwingli-Sohn Ueli wahrgenommen wird, zum Ausdruck zu bringen.

■ *Sich kritisch mit Zwinglis «Heldentod» auseinandersetzen* ●●●
Die Schülerinnen und Schüler setzen sich kritisch mit dem auf dem Zwingli-Denkmal in Kappel am Albis (M1.7) beschriebenen «Heldentod» Zwinglis auseinander. Leitfragen können dabei sein: Was ist hier mit «Heldentod» gemeint? An welchen Merkmalen erkennt man einen Helden? Ist es richtig, für den eigenen Glauben in den Krieg zu ziehen? – Die Schülerin-

nen und Schüler sammeln zunächst Argumente in Partnerarbeit und bringen diese in das Unterrichtsgespräch im Plenum ein.

Mögliche ausserschulische Lernorte

- Wildhaus: Zwinglis Geburtshaus
- Zürich: Grossmünster (Predigtort), Kreuzgang des Grossmünsters (Prophezei, im Animationsfilm: «Schule für Pfarrer»), Haus zur Sul und Helferei (Wohnhäuser der Familie Zwingli), Froschaugasse (Haus des Buchdruckers Christoph Froschauer, der die Zürcher Bibel gedruckt hat; noch nicht Froschauers Wohnort zur Zeit des Wurstessens 1522), Zwingli-Denkmal neben der Wasserkirche, Zwinglis Schwert im Landesmuseum (siehe Stadtrundgang, S. 58–65)
- Kappel am Albis: Milchsuppenstein, Zwingli-Denkmal

Verknüpfung mit den Lehrmitteln

Blickpunkt 1

- Kapitel *Kinder*, S. 30f: Verschiedene Schriften – heilige Schriften

Blickpunkt 2

- Kapitel *Schriften*, S. 46f: Die heilige Schrift des Christentums und ihre Übersetzung
- Kapitel *Orte*, S. 68–71: Besuch einer katholischen und einer reformierten Kirche
- Kapitel *Spuren*, S. 110–113: Felix und Regula in der Zeit der Reformation

Blickpunkt 3

- Kapitel *Christentum*, S. 48–50: Wie das Christentum in die Schweiz gekommen ist
- Kapitel *Christentum*, S. 66f: Vielfalt christlicher Kirchen

Literatur/Medien/Links

- Dorothea Meyer-Liedholz / Kati Rickenbach. *Mit vollem Einsatz. Ein Comic über das Leben von Huldrych Zwingli.* Theologischer Verlag Zürich, Zürich ²2014.
- Amy Nelson Burnett / Emidio Campi (Hrsg.). *Die schweizerische Reformation. Ein Handbuch.* Theologischer Verlag Zürich, Zürich 2017. S. 27–133.
- Peter Opitz. *Ulrich Zwingli. Prophet, Ketzer, Pionier des Protestantismus.* Theologischer Verlag Zürich, Zürich ²2017.
- Annett Staubach / Rudolf Eizenhöfer. *Zwingli. Ein Glaube versetzt Berge.* Das Kinder- und Jugendmagazin «tut», Luzern ²2017.

Bonus-Material (Begleit-DVD)

- B1.1a–f Einzelbilder zu Spuren Zwinglis heute (B1.1a Zwingli-Fensterbild in der reformierten Kirche Wiesendangen, B1.1b Schilder «Grossmünsterplatz» und «Zwingliplatz» am Grossmünster in Zürich, B1.1c Gedenkstein für Zwingli in Wildhaus, B1.1d Zwingli-Zitat in der Kirche Laufen am Rheinfall, B1.1e Strassenschild «Zwingli-Str.» in Zürich, B1.1f Zwingli-Denkmal neben der Zürcher Wasserkirche) (siehe M1.1)
- B1.2 Ueli mit Sprechblase «Mein Vater war ...»
- B1.3 Foto der Gedenktafel für die ertränkten Täufer (siehe M1.3)
- B1.4 Illustration des Stadtplans von Zürich von Kati Rickenbach, basierend auf dem historischen Murerplan von 1576 (siehe M1.4 und S. 58f)
- B1.5a–c Einzelbilder zu Erinnerungen an Zwinglis Tod (B1.5a Zwingli-Denkmal in Kappel am Albis, B1.5b Inschrift auf der Vorderseite des Zwingli-Denkmals in Kappel am Albis, B1.5c Gedenktafel an der Helferei in Zürich) (siehe M1.7)

M1.1

Sichtbare Erinnerungen an Huldrych Zwingli

© Eva Ebel
© Wikipedia/Adrian Michael
© Eva Ebel
© Eva Ebel

M1.2

Zwingli-Denkmal neben der Wasserkirche in Zürich

© Eva Ebel

M1.3

Gedenktafel an der Limmat in Zürich

©Medienpark/Pfander

Hier wurden mitten in der Limmat
von einer Fischerplattform aus
Felix Manz und fünf weitere Täufer
in der Reformationszeit
zwischen 1527 und 1532 ertränkt.
Als letzter Täufer wurde in Zürich
Hans Landis 1614 hingerichtet.

M1.4

Stadtplan von Zürich

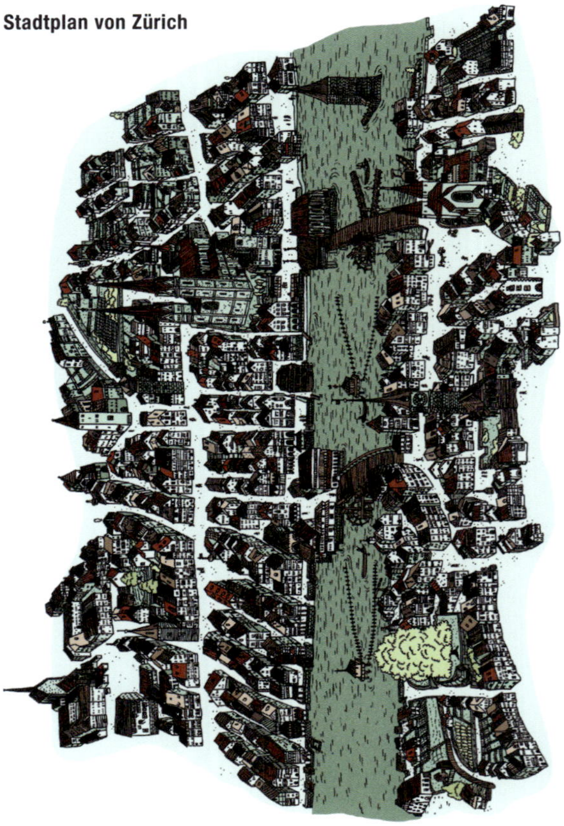

Stadtplan der Altstadt von Zürich zur Zeit Zwinglis (gezeichnet nach einem Ausschnitt des Murerplans von 1576)
©Evangelisch-reformierte Landeskirche des Kantons Zürich / Kati Rickenbach

M1.5

Biografie von Huldrych Zwingli

1. Januar 1484
Ulrich (später Huldrych) Zwingli wird in Wildhaus im Toggenburg geboren.

1489–1494
Ulrich Zwingli lebt in Weesen am Walensee bei seinem Onkel Bartholomäus und besucht die dortige Schule.

1494–1500
Zwingli geht in Basel und Bern auf die Lateinschule.

1500–1506
Zwingli studiert in Wien und Basel.

1506–1516
Zwingli ist Priester in Glarus und begleitet als Feldprediger Soldaten in den Krieg.

1516–1518
Zwingli ist Leutpriester (das ist ein Priester, der sich um die Sorgen der einfachen Leute kümmert) am Kloster Einsiedeln. Zwingli gehört nicht dem Kloster an, sondern ist direkt dem Bischof unterstellt.

Zwinglis Geburtshaus in Wildhaus ©Wikimedia

Das Kloster Einsiedeln vor 1577 (älteste Ansicht des Klosters)
©Zentralbibliothek Zürich, Graphische Sammlung und Fotoarchiv, PAS II 14a, Sys 005470305

1. Januar 1519
Zwingli tritt am Grossmünster in Zürich die Stelle als Leutpriester an.

Herbst 1519
Zwingli erkrankt an der Pest und wird wieder gesund.

9. März 1522
Zwingli ist mitten in der Fastenzeit zum Wurstessen beim Druckermeister Christoph Froschauer eingeladen. Die Tischgemeinschaft übertritt mit dem Essen von Wurst bewusst die Fastengebote der Kirche. Zwingli ist dabei, aber er isst keine Wurst.

Das Zürcher Grossmünster im 16. Jahrhundert (Ausschnitt aus dem Stadtplan von Zürich, Holzschnitt von Jos Murer 1576)
©Schweizerisches Nationalmuseum, Zürich, DIG-10187

M1.5

1524
Zwingli heiratet die Witwe Anna Reinhart. Sie hat drei Kinder aus erster Ehe. Huldrych Zwingli und Anna Reinhart bekommen vier gemeinsame Kinder: Regula, Wilhelm, Ueli und Anna, die wenige Monate nach der Geburt stirbt.

1524
Die Heiligenbilder und Altäre werden aus den Zürcher Kirchen entfernt.

1524–1529
Zwingli übersetzt gemeinsam mit anderen die Bibel («Zürcher Bibel»), die 1531 beim Drucker Christoph Froschauer gedruckt wird.

1525
Die Prophezei («Schule für Pfarrer») wird eröffnet.

5. Januar 1527
Der Täufer Felix Manz wird in Zürich in der Limmat ertränkt.

1529
Der Erste Kappelerkrieg wird beim legendären Milchsuppenessen friedlich beigelegt.

Titelblatt der ersten Zürcher Bibel von 1531
©Zentralbibliothek Zürich, Alte Drucke & Rara

Die Milchsuppe von Kappel. Nach einer Anekdote stellten die Kriegsführenden einen mit Milch gefüllten Kessel zwischen den feindlichen Lagern auf, und die Soldaten beider Armeen tauchten gemeinsam kleine Stücke Brot in die Milch.
©Zentralbibliothek Zürich, Handschriftenabteilung, Ms. B 316, f. 418v

11. Oktober 1531
Zwingli stirbt im Zweiten Kappelerkrieg.
Sein Leichnam wird gevierteilt und verbrannt.

M1.6

Huldrych Zwingli («Ueli») verlässt seine Familie

Aus: Annett Staubach / Rudolf Eizenhöfer. Zwingli. *Ein Glaube versetzt Berge*. Das Kinder- und Jugendmagazin «tut», Luzern ²2017. S. 3.

Versetzt euch in die Situation von Zwingli als Kind (Rufname: Ueli). Mit welchen Gefühlen verlässt der Junge seine Familie? Formuliert Uelis Gedanken!

M1.7

Erinnerungen an Zwinglis Tod

Das Zwingli-Denkmal in Kappel am Albis steht an dem Ort, an dem Zwingli gestorben ist.
©Evangelisch-reformierte Landeskirche des Kantons Zürich / Th. Ter-Nedden

Inschrift auf dem Zwingli-Denkmal in Kappel am Albis
©Evangelisch-reformierte Landeskirche des Kantons Zürich / Th. Ter-Nedden

Den Leib können sie tödten,
nicht aber die Seele,
so sprach an dieser Stätte
Ulrich Zwingli,
für Wahrheit
und
der christlichen Kirche
Freiheit
den Heldentod sterbend
den 11. Octob. 1531.

Gedenkinschrift an der Kirchgasse 13 in Zürich
©Eva Ebel

2 Huldrych Zwingli und das Fasten (90′)

Baustein für den schulischen Unterricht in der Mittelstufe und Oberstufe

Eva Ebel, Zürich

Darum geht es

Huldrych Zwingli kritisierte an der Fastenpraxis seiner Zeit, dass Zürcherinnen und Zürcher sich nicht freiwillig dafür entscheiden durften, sondern dazu verpflichtet waren. Die Schülerinnen und Schüler erkennen, dass der Reformator nicht grundsätzlich das Fasten ablehnte, und vertiefen ihr Wissen über das Fasten in den Religionen.

Zeit	**Unterrichtsphase** / Aktivität *(Sozialform)*	Material
25′	**Einstieg** Präkonzept zum Fasten in den Religionen aktivieren *(EA – PA – PL)*	B2.1a–b, Stifte evtl. M2.1, Flipchart/Tafel
35′	**Erarbeitung** Ausschnitt des Animationsfilms sehen und Huldrych Zwinglis Kritik an der damaligen Fastenpraxis differenziert wahrnehmen *(PL – UG)* Zwinglis Sicht des Wurstessens nachvollziehen *(EA – PA)* Zwinglis Haltung zum Fasten verstehen *(PA – UG)*	B2.2 M2.2/B2.3a–b M2.3/B2.4 M2.4/B2.5
30′	**Vertiefung** Die Vielfalt heutiger Fastenpraxis und die Freiwilligkeit des Fastens differenziert wahrnehmen *(PA – PL)*	M2.5, evtl. M2.1
	Zusatzaufgaben • Filmarbeit: Herausforderungen für muslimische Kinder und Jugendliche, die im Ramadan fasten, wahrnehmen *(EA – UG)* ●○○ • Fastenregeln und Festtage verschiedener Konfessionen und Religionen recherchieren *(PA oder GA – PL)* ●●○ • Porträts von fastenden oder bewusst nicht fastenden Personen erstellen *(EA oder PA)* ●●○ • Fasten und Diät unterscheiden *(EA oder PA)* ●●○	*Bahar und der Islam* oder *Mein erster Ramadan* M2.5 Plakat, Faserschreiber *Was ist die Fastenzeit?* evtl. M2.1

Anforderungssituation

Die Schülerinnen und Schüler haben im Animationsfilm von Zwinglis kritischer Haltung gegenüber dem Fasten erfahren. Zugleich ist ihnen bekannt, dass in der Passionszeit Fasten bis heute Teil der Glaubenspraxis einiger katholischer Christinnen und Christen ist und auch von manchen reformierten Christinnen und Christen praktiziert wird. Zudem wissen sie, dass in anderen Religionen ebenfalls zu besonderen Zeiten gefastet wird. Die Schülerinnen und Schüler müssen Zwinglis Kritik am Fasten (kein Freikauf; keine Verpflichtung, sondern freie individuelle Entscheidung für oder gegen das Fasten) differenziert wahrnehmen, um Missverständnisse, die in einer Abwertung heutiger Praxis verschiedener Konfessionen und Religionen münden könnten, zu vermeiden.

Verortung im Lehrplan 21

Die Schülerinnen und Schüler können

- zu Bräuchen (z. B. Fasten, Kleidung) und ausgewählten Ritualen im Lebenslauf (z. B. Geburtsrituale, Hochzeit, Begräbnis) Hintergrundwissen erschliessen und sie den entsprechenden Religionen zuordnen (NMG 12.2d);
- Rituale und Bräuche der Religionen miteinander vergleichen und Unterschiede in der Praxis beschreiben (z. B. regionale und konfessionelle Unterschiede) (NMG 12.2e);
- verschiedene Religionen und Konfessionen benennen und anhand elementarer Merkmale beschreiben und unterscheiden (z. B. Feste, Gebäude, Gegenstände, Geschichten, Lehren) (NMG 12.5d).

Angestrebte Kompetenzen

Die Schülerinnen und Schüler können

- die Aussagen des Animationsfilms *Immer diese Zwinglis!* zum Fasten mit ihrem Wissen über das Fasten verknüpfen;
- am Beispiel des Fastens eine theologische Position des Reformators differenziert darstellen;
- die Bedeutung des Fastens in verschiedenen Religionen und Konfessionen erklären und vergleichen.

Screenshot: Zwingli beim Wurstessen im Haus des Druckers Christoph Froschauer, aus dem Animationsfilm *Immer diese Zwinglis!* © Evangelisch-reformierte Landeskirche des Kantons Zürich / Kati Rickenbach / Brunner&Meyer, Zürich

Unterrichtsvorschlag

Einstieg (25′)

■ *Präkonzept zum Fasten in den Religionen aktivieren*

Die Schülerinnen und Schüler klären im Plenum, unterstützt von der Lehrperson, den Begriff Fasten: völliger oder teilweiser Verzicht auf Essen und evtl. auch Trinken für eine bestimmte Zeit. Ggf. wird gemeinsam der Unterschied zwischen Fasten und Diät geklärt. Anschliessend dokumentieren sie differenziert ihr Präkonzept zum Fasten, indem sie zu den Fragen: Was weisst du über das Fasten in den verschiedenen Religionen? Wie und weshalb wird jeweils gefastet? nach dem Think-Pair-Share-Prinzip ein Placemat ausfüllen (Muster Placemat siehe B2.1a–b): Zunächst überlegt sich jede/jeder in Einzelarbeit, was sie/er weiss, und notiert es in einem Feld des Placemats. Dann einigen sich drei oder vier Schülerinnen und Schüler in Gruppenarbeit auf drei wichtige Aussagen, halten diese in der Mitte des Placemats fest und präsentieren sie dann im Plenum. Neben dem Vergleich der jeweiligen Regeln des Fastens soll ein Schwerpunkt auf den positiven Motivationen des Fastens liegen, um eine einseitige Sicht von «Last» zu vermeiden (zur ersten Orientierung für die Lehrperson siehe M2.1): Konzentration auf den Glauben oder Gott; kein Verbrauch von Zeit und Energie für Einkaufen, Kochen und Essen; Freiraum für Gebet, Meditation oder Lektüre der heiligen Schriften; Zeichen der Busse; Vorbereitung auf ein hohes Fest; Nachvollzug der Situation von Menschen, die hungern müssen. Die Lehrperson erstellt an der Tafel oder auf einem Flipchart ein Stichwortprotokoll mit den wichtigsten Aussagen, auf das später zurückgegriffen werden kann.

Erarbeitung (35′)

■ *Ausschnitt des Animationsfilms sehen und Huldrych Zwinglis Kritik an der damaligen Fastenpraxis differenziert wahrnehmen*

Verfügen alle Schülerinnen und Schüler bereits über Vorwissen zum Leben und Wirken Huldrych Zwinglis, kann direkt mit dem Thema *Huldrych Zwingli und das Fasten* begonnen werden. Andernfalls empfiehlt es sich, zumindest eine Kurzform des Bausteins 1 *Schon gehört von Huldrych Zwingli?* an dieser Stelle einzubauen.

Die Lehrperson zeigt den Filmausschnitt zum Fasten und zum sogenannten Wurstessen aus dem Animationsfilm *Immer diese Zwinglis!* (B2.2). Sie hängt die zwei Screenshots *Arme Menschen beim Fasten am leeren Tisch* und *Reiche Menschen beim üppigen Mahl* (M2.2/B2.3a–b) gut sichtbar auf. Moderiert von der Lehrperson, klären die Schülerinnen und Schüler im Unterrichtsgespräch, was Huldrych Zwingli an der damaligen Fastenpraxis kritisiert hat.

■ *Zwinglis Sicht des Wurstessens nachvollziehen*
Die Schülerinnen und Schüler erhalten das Arbeitsblatt *Zwingli beim Wurstessen* (M2.3) und formulieren in Einzelarbeit oder Partnerarbeit Gedankenblasen für den nicht essenden Reformator, warum er essen sollte bzw. nicht essen sollte.
Alternativ können die Gedanken und Handlungsoptionen Huldrych Zwinglis in einem Rollenspiel zur Sprache gebracht werden: Nach Hause zurückgekehrt, erzählt er Anna Reinhart vom Verlauf des Wurstessens, und sie diskutieren miteinander, wie Zwingli sich anders hätte verhalten können und was dieses Verhalten bewirkt hätte.

■ *Zwinglis Haltung zum Fasten verstehen*
Die Lehrperson hängt die Szene aus dem Zwingli-Comic, in welcher der Reformator seine Haltung zum Fasten formuliert («Willst du gerne fasten, dann tue es. Willst du gern Fleisch essen, dann iss es. Lass mir aber dabei dem Christen freie Wahl!») gut sichtbar auf (M2.4/B2.5) und fordert die Schülerinnen und Schüler auf, einander in Partnerarbeit mit eigenen Worten diese Aussage Zwinglis und seine Haltung zum Fasten zu erklären. Offene Fragen werden im anschliessenden Unterrichtsgespräch geklärt.

Vertiefung (30′)

■ *Die Vielfalt heutiger Fastenpraxis und die Freiwilligkeit des Fastens differenziert wahrnehmen*
Ausgangspunkt ist der Satz «So wurde das Fasten in Zürich abgeschafft» am Ende der Filmsequenz zum Fasten. Die Lehrperson stellt dieser Aussage das eingangs erstellte Stichwortprotokoll zum Fasten in den Religionen gegenüber: Was davon wird heute in Zürich praktiziert? Setzen alle Menschen die Regeln ihrer Religion in gleicher Weise um? Lassen wir einzelne Menschen, die heute in Zürich leben, zu Wort kommen! – In Partnerarbeit studieren die Schülerinnen und Schüler die Aussagen zum Fasten von heute in Zürich lebenden Menschen, die verschiedenen Religionen und Konfessionen angehören (M2.5).
Mögliche Leitfragen für die Bearbeitung der Aussagen sind: Zu welchen Gelegenheiten fasten die einzelnen Menschen der verschiedenen Religionen? Welche Form von Verzicht wird jeweils als Fasten bezeichnet? Wie begründen die Menschen ihr Fasten oder ihren Verzicht auf das Fasten? Welche Gemeinsamkeiten und Unterschiede lassen sich zwischen den Religionen erkennen? – Die Schülerinnen und Schüler notieren ihre wichtigsten Erkenntnisse und präsentieren sie im Plenum. Wichtig für die Auswertung ist, dass die einzelnen Aussagen nicht stellvertretend für alle Angehörigen einer Religion stehen, sondern eine individuelle Praxis und eine persönliche Meinung bezeichnen. Dies kann dazu anregen, dass die Schülerinnen und Schüler ähnliche und ganz andere eigene Beobachtungen und Erfahrungen in den Unterricht einbringen.

Zusatzaufgaben

Die Zusatzaufgaben können von einzelnen Schülerinnen und Schülern oder der gesamten Lerngruppe alternativ oder zusätzlich in weiteren Lektionen bearbeitet werden.

■ *Filmarbeit: Herausforderungen für muslimische Kinder und Jugendliche, die im Ramadan fasten, wahrnehmen* ●○○
Die Schülerinnen und Schüler setzen sich vertieft mit dem Fasten im Islam auseinander, indem sie die Filme *Bahar und der Islam* oder Ausschnitte der SRF-Dokumentation *Mein erster Ramadan* (siehe *Literatur/Medien/Links*) anschauen und auf die besonderen Herausforderungen für die Kinder und Jugendlichen achten, die sich für das Fasten entscheiden. Gegebenenfalls bereichern muslimische Schülerinnen und Schüler das anschliessende Unterrichtsgespräch mit eigenen Erfahrungen.

■ *Fastenregeln und Festtage verschiedener Konfessionen und Religionen recherchieren* ●●○
Einzelne Aussagen auf M2.5 können der Anlass für Recherchen zu Fastenregeln und Festtagen in verschiedenen Konfessionen und Religionen sein. Die Schülerinnen und Schüler arbeiten zu zweit oder in Gruppen, erstellen Plakate und präsentieren sie im Plenum.

■ *Porträts von fastenden oder bewusst nicht fastenden Personen erstellen* ●●○
Die Schülerinnen und Schüler befragen in Einzel- oder Partnerarbeit Menschen in ihrem Umfeld zu ihrer Fastenpraxis und erstellen dazu für eine Ausstellung im Klassenzimmer oder im Schulhaus ein Plakat mit Steckbriefen der befragten Personen, deren wichtigsten Aussagen und evtl. Bildern.

■ *Fasten und Diät unterscheiden* ●●○
Die Schülerinnen und Schüler erarbeiten in Einzel- oder Partnerarbeit eine schriftliche Definition für Fasten und grenzen, wenn das nicht schon im Einstieg der Lektion geschehen ist, Fasten von Diät ab. Eine Hilfe kann dabei der Animationsfilm *Was ist die Fastenzeit?* aus der Reihe *Katholisch für Anfänger* bieten (siehe *Literatur/Medien/Links*).

Verknüpfung mit den Lehrmitteln

Blickpunkt 1

- Kapitel *Alltag*, S. 44f: Gemeinsam essen
- Kapitel *Feste*, S. 76–79: Ramadan und Ramadanfest
- Kapitel *Feste*, S. 98f: Karwoche

Blickpunkt 2

- Kapitel *Kalender*, S. 18–33: Kalender und wichtige Feste der Religionen

Blickpunkt 3

- Kapitel *Lebensstile*, S. 78: Einander in die Töpfe gucken
- Kapitel *Islam*, S. 85–87: Ramadan-Besuch
- Kapitel *Islam*, S. 100f: Die fünf Säulen

Literatur/Medien/Links

- Dorothea Meyer-Liedholz / Kati Rickenbach. *Mit vollem Einsatz. Ein Comic über das Leben von Huldrych Zwingli.* Theologischer Verlag Zürich, Zürich ^{2}2014. (Zwingli-Comic)
- Peter Opitz. *Ulrich Zwingli. Prophet, Ketzer, Pionier des Protestantismus.* Theologischer Verlag Zürich, Zürich ^{2}2017, S. 25–29.
- Annett Staubach / Rudolf Eizenhöfer. *Zwingli. Ein Glaube versetzt Berge.* Das Kinder- und Jugendmagazin «tut», Luzern ^{2}2017.
- Film *Bahar und der Islam* (5'43"). In: FWU Institut für Film und Bild in Wissenschaft und Unterricht. *Kinder erklären ihre Religion*. Deutschland 2008.
- SRF-Dokumentation (Teil 1 und Teil 2) *Mein erster Ramadan* (25'05" und 26'06"), www.zambo.ch/Start/Archiv/2012/08/30/Videos/myStory-Mein-erster-Ramadan
- Animationsfilm *Was ist die Fastenzeit?* (3'03"), www.katholisch.de/video/13189-was-ist-die-fastenzeit.

Bonus-Material (Begleit-DVD)

- B2.1a–b Zwei Muster-Placemats (B2.1a Placemat für drei Schüler/-innen, B2.1b Placemat für vier Schüler/-innen)
- B2.2 Filmausschnitt zu Zwingli und das Fasten (1'50"). Ausschnitt aus dem Animationsfilm *Immer diese Zwinglis!*
- B2.3a–b Screenshots zum Fasten (B2.3a Arme Menschen am leeren Tisch, B2.3b Reiche Menschen beim üppigen Mahl) (siehe M2.2)
- B2.4 Screenshot zu Zwingli beim Wurstessen (siehe M2.3)
- B2.5 Bild aus dem Zwingli-Comic, das Zwinglis Haltung zum Fasten zeigt (siehe M2.4)

M2.1

Fasten in den Religionen

Judentum
Der wichtigste jüdische Fastentag ist Jom Kippur (Tag der Versöhnung). Vom Tagesbeginn bei Sonnenuntergang bis zum folgenden Abend wird weder gegessen noch getrunken. Stattdessen schaut man auf das vergangene Jahr und die Fehler, die man gemacht hat, zurück. Entschuldigungen bei den betroffenen Menschen leiten einen Neubeginn ein. Im Gottesdienst in der Synagoge nach Ende des Tages wird ein Widderhorn (Schofar) geblasen. Anschliessend wird zu Hause festlich gespeist. Um jegliche Gefährdung der Gesundheit zu verhindern, wird weder an Jom Kippur noch an anderen Fastentagen wie dem Vortag des Festes Purim länger als 25 Stunden gefastet. Vom Fastengebot ausgenommen sind Schwangere, Kinder und Kranke.

Christentum
Traditionell waren die Zeiten der Vorbereitung auf die beiden grossen christlichen Feste Weihnachten und Ostern Fastenzeiten. Während in der vorweihnachtlichen Adventszeit nur noch in der orthodoxen Tradition gefastet wird, ist für nicht wenige Christinnen und Christen aller Konfessionen die vorösterliche Passionszeit, die mit dem Aschermittwoch beginnt, auch heute noch Fastenzeit. In dieser Zeit der Busse oder Besinnung verzichten sie auf liebgewonnene Speisen, z. B. Fleisch, Süssigkeiten oder Alkohol, oder Aktivitäten, z. B. Rauchen, Nutzung von Handy oder Internet. Oftmals steht der Verzicht unter dem Motto «Sieben Wochen ohne»; traditionell umfasste die Fastenzeit in Anlehnung an das Fasten Jesu in der Wüste allerdings 40 Tage, von Aschermittwoch bis Karsamstag, mit Ausnahme der Sonntage. Kirchliche Hilfswerke sammeln in der Passionszeit besonders intensiv Spenden für Bedürftige. Manche Christinnen und Christen praktizieren ausserdem eine wöchentliche Erinnerung an den Tod Jesu am Kreuz, indem sie an dessen Todestag Freitag auf den Verzehr von Fleisch verzichten.

Islam
Das Fasten ist eine der fünf Säulen des Islam. Im Ramadan, im neunten Monat des muslimischen Mondkalenders, sollen Muslime möglichst zwischen Sonnenaufgang und Sonnenuntergang nicht essen und nicht trinken. Ausgenommen von dieser Regel sind Kinder, Schwangere, kranke, reisende und schwer arbeitende Menschen. Das Fasten hilft, sich in die Menschen hineinzuversetzen, die nicht genug zu essen haben, sich selbst zu reinigen und die Gottesbeziehung zu stärken. Das abendliche Fastenbrechen wird möglichst in der Gemeinschaft der Familie oder mit Freunden begangen. Neben der Gastfreundschaft sind Almosen für Arme im Ramadan sehr wichtig. Am Ende der 30-tägigen Fastenzeit wird das Ramadanfest gefeiert. Für Kinder ist besonders attraktiv, dass sie dann viele Süssigkeiten essen dürfen und Geschenke erhalten.

Hinduismus
Die Motive fürs Fasten sind im Hinduismus sehr vielfältig: Es geht um moralische Selbstreinigung, geistige Konzentration, die Reinigung des Körpers, die Ehrung einer Gottheit oder wie bei Gandhi um eine politische Botschaft. Auch die Formen des Fastens variieren: An einzelnen Fasten- oder Festtagen oder an mehreren Tagen zur Vorbereitung auf ein Fest reduzieren die Fastenden die Menge ihres Essens, verzichten auf bestimmte Speisen oder enthalten sich völlig des Essens und Trinkens.

Buddhismus
Eine einheitliche Fastenregel gibt es im Buddhismus nicht. Im Sinne der Mässigung und Selbstbeherrschung und zur besseren Vorbereitung auf die Meditation wird grundsätzlich von übermässigem Essen abgeraten. In diesem Sinne nehmen buddhistische Mönche und Nonnen nach 12 Uhr keine festen Speisen mehr zu sich. Einige Buddhistinnen und Buddhisten fasten zur Vorbereitung auf grosse Feste wie Vesak, an dem an die Geburt, Erleuchtung und Erlöschung Buddhas gedacht wird, indem sie etwa auf das Essen von Fleisch verzichten.

AH Zwingli / 2 Huldrych Zwingli und das Fasten

M2.2

Zwei Tische in der Fastenzeit in Zürich

Screenshot: Arme Menschen beim Fasten am leeren Tisch, aus dem Animationsfilm *Immer diese Zwinglis!*
© Evangelisch-reformierte Landeskirche des Kantons Zürich / Kati Rickenbach / Brunner & Meyer, Zürich (B2.3a)

Screenshot: Reiche Menschen beim üppigen Mahl, aus dem Animationsfilm *Immer diese Zwinglis!*
© Evangelisch-reformierte Landeskirche des Kantons Zürich / Kati Rickenbach / Brunner & Meyer, Zürich (B2.3b)

AH Zwingli / 2 Huldrych Zwingli und das Fasten

M2.3

Huldrych Zwingli beim Wurstessen

Screenshot: Huldrych Zwingli beim Wurstessen, aus dem Animationsfilm *Immer diese Zwinglis!*
© Evangelisch-reformierte Landeskirche des Kantons Zürich / Kati Rickenbach / Brunner & Meyer, Zürich (B2.4)

M2.4

Zwinglis Haltung zum Fasten

Aus: Dorothea Meyer-Liedholz / Kati Rickenbach. *Mit vollem Einsatz. Ein Comic über das Leben von Huldrych Zwingli.* Theologischer Verlag Zürich, Zürich [2]2014. S. 13. © Evangelisch-reformierte Landeskirche des Kantons Zürich / Kati Rickenbach (B2.5)

M2.5

Fasten in Zürich heute

Persönlich faste ich seit meiner Bat-Mizwa einmal im Jahr an dem wichtigsten Feiertag, Jom Kippur (Versöhnungstag). Dieser findet an einem Tag im September oder Oktober statt, je nach Mondkalender. An diesem Tag denke ich über mich selbst nach und mache mir Gedanken über mich als Person im vergangenen Jahr und darüber, was ich für die Zukunft ändern möchte. Am Abend bin ich immer in der Synagoge und höre, wie der Schofar geblasen wird. Ich finde, es ist eine tolle, gemeinschaftliche und zuversichtliche Stimmung. Danach gibt es immer ein riesig grosses und leckeres «Anbeissen» zu Hause.

Léonie (21), Jüdin

Ich verzichte in den 40 Tagen vor Ostern auf etwas, von dem ich weiss, dass es mir schwerfallen wird, zum Beispiel Süsses, Handy, früher Gamen. Das Fasten macht für mich die Zeit vor Ostern speziell, die Vorfreude auf die Erlösung ist gross. Sie hilft mir, mich mit anderen gemeinsam daran zu erinnern, was wirklich wichtig und was eher nebensächlich ist im Leben und dass man mit ein bisschen Verzicht oft sich selber sowie anderen Gutes tun kann (wenn man das nicht ausgegebene Geld zum Beispiel ins Fastenopfersäckli tut).

Rahel (20), Christin (katholisch)

Für Muslime ist es eines der fünf Gebote, im Ramadan, dem neunten Monat des muslimischen Mondkalenders, zu fasten. Befreit davon sind Menschen, die gesundheitliche Probleme haben oder schwer arbeiten. Wenn ich faste, wird mir deutlich, dass Essen ein Genuss ist und nur in geringem (ausreichendem) Mass aufgenommen werden soll, um wesentliche Dinge erledigen zu können.

Selma (16), Muslimin

Früher habe ich gelegentlich gefastet, in meinem jetzigen Alter faste ich nicht mehr. Ich habe allerdings grossen Respekt vor dem Fasten und bewundere Menschen, die das Fasten einhalten, besonders über längere Zeit wie z. B. beim neuntägigen Fasten zu Ehren der grossen Göttin Devi zweimal im Jahr. Fasten bedeutet dann, nur einmal am Tag zu essen, und zwar gegen Abend vor den Gebeten.

Brijinder (83), Hindu

Vor Buddhas Geburtstag (Vesak) faste ich wie viele tibetische Buddhisten 30 Tage. Dabei verzichten wir auf alle tierischen Produkte – so in etwa wie Veganer, aber es gibt keine Regel, wann man essen darf und wann nicht. So zeigt man seinen Respekt vor allen Lebewesen sowie der Umwelt. Gleichzeitig solidarisiert man sich mit Buddha, der gemäss der Legende Veganer war. Ich glaube an die reinigende Wirkung des Fastens und verleihe meinem Respekt vor Buddha, der Natur und allen fühlenden Wesen Ausdruck. Durch das regelmässige Rezitieren von Mantras wird die Sache noch abgerundet.

Dawa (53), Buddhistin

M2.5

Fasten vor Ostern bedeutet nicht nur, dass man möglichst wenig tierische Nahrung zu sich nimmt, sondern auch, dass man auf liebgewonnene Gewohnheiten, Alkohol und anderes, verzichtet, häufiger Gottesdienste besucht, mehr betet und die Hilfe für Menschen in Not verstärkt. Wir sollen unsere Sünden bereuen und aufrichtig beichten. Jeder Gläubige bestimmt seine Fastenregeln in Absprache mit seinem Priester, seinem «geistlichen Vater». Fasten ist für mich nicht eine reine Äusserlichkeit oder eine individuelle Übung, sondern ein Teil des gemeinsamen Lebens in der Kirchgemeinde.

Dimitrios (54), Christ (griechisch-orthodox)

Ich selbst kann im Ramadan aus Gesundheitsgründen zumindest an den langen Tagen in der Sommerzeit leider nicht fasten. Nur absolut gesunde Menschen sollen fasten. Dafür leiste ich einen Beitrag von 20 Franken pro Tag (insgesamt 600 Franken, berechnet aus dem täglichen Lebensbedarf in der Schweiz) und spende es nach Afrika. Die Fastenzeit ist für mich eine intensive Zeit mit meiner Familie und bringt wieder Struktur in den Alltag; alle sitzen beim Essen am gemeinsamen Tisch. Das Essen wird gemeinsam zubereitet und ich freue mich jedes Mal über meine Gäste. Ich erlebe die Welt und die Menschen intensiver. Nicht nur der Magen wird gezügelt, sondern auch die Zunge.

Aynur (47), Muslimin

Für mich ist das Fasten eine Zeit, um mich auf das Wesentliche konzentrieren zu können. Ich verzichte eine Woche auf das Essen und reduziere alle übrigen Tätigkeiten auf das Notwendigste. In dieser Zeit spüre ich immer sehr intensiv, wie wenig ich eigentlich brauche und wie vieles wir im Alltag als notwendig erachten, obwohl wir gut darauf verzichten können. Dass das Fasten im christlichen Rahmen vor Ostern, im Frühling, liegt, ist für mich stimmig; das Leben erwacht und wir werden uns bewusst, was uns die Natur alles schenkt. Mit dem Fasten kann ich dieses Geschenk intensiver erkennen.

Ernst (58), Christ (reformiert)

3 Todesurteile für Täufer und Krieg gegen Katholiken – Huldrych Zwingli und die innerchristliche Vielfalt (90')

Baustein für den schulischen Unterricht in der Oberstufe

Eva Ebel, Zürich

Darum geht es
Die Schülerinnen und Schüler setzen sich kritisch mit Huldrych Zwinglis Umgang mit innerchristlicher Vielfalt auseinander, indem sie den historischen Kontext kennenlernen und einen Perspektivenwechsel vollziehen. Anschliessend nehmen sie wahr, wie religiöse Minderheiten in der heutigen Gesellschaft leben und in den Medien dargestellt werden.

Zeit	**Unterrichtsphase** / Aktivität *(Sozialform)*	Material
25'	**Einstieg** Animationsfilm sehen und innerchristliche Konflikte in Zürich zur Zeit der Reformation wahrnehmen *(PL – EA – PA – PL)*	F *Immer diese Zwinglis!*, Notizpapier, Stifte
35'	**Erarbeitung** Huldrych Zwinglis Haltung zum Krieg und zur Vielfalt innerhalb des Christentums historisch einordnen, differenziert wahrnehmen und kommentieren *(GA – UG)*	M3.1–2 M3.3–4 M1.3 Plakate, Faserschreiber
30'	**Vertiefung** Ausgrenzung von Angehörigen religiöser Minderheiten in Vergangenheit und Gegenwart wahrnehmen *(PA – PL)*	M3.5 *Schweizer Juden*, evtl. Plakat, Faserschreiber
	Zusatzaufgaben • Den Wandel des Zusammenlebens von Katholiken und Reformierten in der Schweiz wahrnehmen *(EA/PA)* ●●○ • Schritte zur Versöhnung zwischen den Konfessionen kennenlernen *(PA)* ●●● • Interviews mit Angehörigen religiöser Minderheiten führen *(PA – UG)* ●●○ • Wissen über die Verfolgung der Täufer in weiteren Regionen der Schweiz erwerben *(PA)* ●●● • Die Amischen als Nachfahren der Schweizer Täufer kennenlernen *(PA/GA)* ●●●	M3.6 M3.7–8

Anforderungssituation
Die Schülerinnen und Schüler leben in einer multireligiösen Gesellschaft: In ihrer Nachbarschaft, ihrer Klasse und eventuell ihrer Familie treffen sie auf Menschen, die eine andere Religion oder Konfession haben als sie selbst. Sie leben Beziehungen über die Grenzen der Konfessionen und Religionen hinweg, erleben in Schule oder Nachbarschaft aber auch Irritationen und Konflikte im Zusammenhang mit Religion.
In dem Animationsfilm *Immer diese Zwinglis!* sehen die Schülerinnen und Schüler das Gegenteil eines friedlichen und respektvollen Miteinanders der Konfessionen: Innerhalb der reformatorischen Bewegung kommt es zu Zerwürfnissen zwischen den Anhängern Zwinglis und den Täufern, am Ende verhängt der Rat der Stadt Zürich Todesurteile, Täufer werden in der Limmat ertränkt. Reformierte und katholische Schweizer führen gegeneinander Krieg, viele Männer, darunter auch Huldrych Zwingli, finden dabei den Tod.
Für die Schülerinnen und Schüler ist es schwer verständlich, dass Zwingli und seine Zeitgenossen das Zusammenleben von Menschen unterschiedlicher Konfessionen für unmöglich hielten, dass der Gedanke einer religiösen Toleranz noch nicht existierte und aus theo-

logischen Differenzen zwischen Menschen derselben Herkunft und derselben Religion Kämpfe auf Leben und Tod erwachsen konnten.

Verortung im Lehrplan 21
Die Schülerinnen und Schüler können
- erlebte, beobachtete oder erzählte Situationen anhand der Perspektiven verschiedener Beteiligter beurteilen (ERG 2.2a);
- im alltäglichen Handeln oder gesellschaftlichen Umfeld Benachteiligungen und Diskriminierungen erkennen und entsprechende Regeln diskutieren (z. B. Chancen, Zutritt, Ausschluss, Sprachgebrauch) (ERG 2.2c);
- kontroverse Fragen diskutieren, Positionen, deren Interessen und Begründungen vergleichen und einen Standpunkt vertreten (ERG 2.2d);
- am Ort oder auf Reisen religiöse Spuren oder religiöse Stätten identifizieren und in ihrem Kontext betrachten (ERG 3.1a);
- positive, ambivalente und negative Wirkungen von Religion einschätzen (z. B. soziale Netze, Integration, Meinungsbildung, Orientierung, Fundamentalismus) (ERG 3.2b);
- aktuelle Debatten auf religiöse oder weltanschauliche Standpunkte und diskriminierende Zuschreibungen untersuchen (ERG 3.2d).

Angestrebte Kompetenzen
Die Schülerinnen und Schüler können
- Huldrych Zwinglis Haltung und Vorgehen gegen andere christliche Gruppen beschreiben und historisch einordnen;
- die Perspektiven beider Konfliktparteien einnehmen und ihre Positionen mit eigenen Worten wiedergeben;
- Ausgrenzungen im Zusammenleben der Konfessionen und Religionen in Vergangenheit und Gegenwart wahrnehmen.

Screenshot: Todesurteil gegen den Täufer Felix Manz, aus dem Animationsfilm *Immer diese Zwinglis!*

Unterrichtsvorschlag

Einstieg (25')

■ *Animationsfilm sehen und innerchristliche Konflikte in Zürich zur Zeit der Reformation wahrnehmen*
Verfügen alle Schülerinnen und Schüler bereits über Vorwissen zum Leben und Wirken Huldrych Zwinglis, kann direkt mit dem Thema Vielfalt innerhalb des Christentums begonnen werden. Andernfalls empfiehlt es sich, zumindest eine Kurzform des Bausteins 1 *Schon gehört von Huldrych Zwingli?* voranzustellen.

Die Schülerinnen und Schüler schauen den Animationsfilm (F) mit dem Beobachtungsauftrag: Welche Unterschiede und Konflikte gibt es im 16. Jahrhundert unter den Schweizer Christinnen und Christen? Welche Parteien stehen sich dabei gegenüber? – Die Schülerinnen und Schüler machen sich dazu Notizen. Anschliessend arbeiten sie in Partnerarbeit die Konfliktparteien (Reformierte – Katholiken, Zürcher Rat – Täufer) und strittige Themen (Erneuerung von Gottesdienst – Beibehaltung der gewohnten Form, Entfernung von Heiligenbildern – Beibehaltung der Heiligenverehrung, verpflichtendes Fasten – freier Entscheid für das Fasten, Kindertaufe – Erwachsenentaufe) heraus. Die Ergebnisse werden im Plenum präsentiert und in Kurzform an der Tafel von der Lehrperson notiert.

Erarbeitung (35')

■ *Huldrych Zwinglis Haltung zum Krieg und zur Vielfalt innerhalb des Christentums historisch einordnen, differenziert wahrnehmen und kommentieren*

Die Schülerinnen und Schüler erarbeiten sich in themendifferenzierter Gruppenarbeit ein vertieftes Verständnis der Filmszenen und Hintergrundwissen zu Zwinglis Haltung und nehmen dazu Stellung:

Gruppe A beschäftigt sich mit Zwinglis Haltung zum Krieg und mit den beiden Kappelerkriegen zwischen reformierten Zürchern und katholischen Innerschweizern: (1) Welche Haltungen zum Krieg zeigt Zwingli an verschiedenen Lebensstationen (M3.1)? (2) Welche Erfahrungen und Motive könnten hinter den Aussagen des Reformators stehen? (3) Kommentiert diese Haltungen aus heutiger Sicht. Gibt es Gründe, aus denen man einen Krieg führen darf? (4) Welche Haltungen und Strategien im Umgang mit Konflikten lassen sich aus den unterschiedlichen Ausgängen des Ersten und Zweiten Kappelerkriegs erkennen? (M3.2). (5) Kommentiert das unterschiedliche Vorgehen aus heutiger Sicht. Wo lassen sich aktuell ähnliche Situationen beobachten?

Gruppe B setzt sich kritisch mit Zwinglis Umgang mit den Täufern auseinander und nimmt dabei einen Perspektivenwechsel vor: (1) Warum wurden die Täufer zum Tode verurteilt? Welche Rolle spielte Zwingli dabei? (M3.3–4). (2) Nehmt die Perspektive der Gegenseite ein und stellt deren Motive und Argumente zusammen! (3) Wie hätte Zwingli anders handeln können? Wie wäre die Geschichte dann vielleicht weitergegangen? (4) Wie hätten die Täufer anders handeln können? Wie wäre die Geschichte dann vielleicht weitergegangen? (5) Welche Absicht könnte hinter der Gedenktafel für die in Zürich ertränkten Täufer stehen? (Baustein 1 / M1.3).

Die gegensätzlichen Positionen, die von verschiedenen Parteien vertreten werden oder zwischen denen Zwingli selbst schwankt, können jeweils schriftlich auf einem Plakat skizziert werden, das dann die Grundlage für die Präsentation im Plenum bildet. Alternativ können sie szenisch dargestellt werden, z. B. mit einer Diskussion von Vertretern der unterschiedlichen Parteien oder mit einem inneren Monolog Zwinglis, der seine ambivalente Haltung darlegt und dabei zwischen zwei Stühlen wechselt.

Vertiefung (30')

■ *Ausgrenzung von Angehörigen religiöser Minderheiten in Vergangenheit und Gegenwart wahrnehmen*

Die Schülerinnen und Schüler informieren sich in themendifferenzierter Partnerarbeit über Massnahmen gegen Angehörige religiöser Minderheiten in Vergangenheit und Gegenwart und deren Darstellung in den Medien:

(A) Ausgehend von der Gedenktafel für jüdische Pogromopfer in der Froschaugasse (M3.5) wird die Gefährdung und rechtliche Situation jüdischer Menschen in der Schweiz erarbeitet. Geeignete Materialien sind dafür Blickpunkt 3, S. 14–16: *Wie das Judentum in die Schweiz gekommen ist*, und der Animationsfilm *Schweizer Juden: 150 Jahre Gleichberechtigung* (siehe *Literatur/Medien/Links*).

(B) Die Schülerinnen und Schüler stellen widersprüchliche Aussagen zum Minarett- und Burkaverbot oder zu einem gerade aktuellen strittigen Thema, welches das Leben muslimischer Menschen in der Schweiz betrifft, aus verschiedenen Medien zusammen. Sie prüfen, unter welchen Überschriften über solche Themen berichtet wird, und achten auf tendenziöse Formulierungen.

Die Ergebnisse der Partnerarbeiten werden in Form einer Präsentation (Kurzvortrag oder Plakat) der gesamten Klasse zugänglich gemacht.

Zusatzaufgaben

Die Zusatzaufgaben können von einzelnen Schülerinnen und Schülern oder der gesamten Lerngruppe alternativ oder zusätzlich in weiteren Lektionen bearbeitet werden.

■ *Den Wandel des Zusammenlebens von Katholiken und Reformierten in der Schweiz wahrnehmen* ●●○

Die Schülerinnen und Schüler befragen in Einzel- oder Partnerarbeit reformierte und katholische Menschen der älteren Generationen, also ggf. auch ihre Grosseltern, nach ihren Erfahrungen mit dem Zusammenleben von Reformierten und Katholiken in der Schweiz. Sie vergleichen die erzählten Begebenheiten mit ihren eigenen Erfahrungen des Zusammenlebens in einer multireligiösen Gesellschaft.

■ *Schritte zur Versöhnung zwischen den Konfessionen kennenlernen* ●●●

Als Fortführung der Interviews zum Zusammenleben von Katholiken und Reformierten lesen die Schülerinnen und Schüler in Partnerarbeit das Schuldbekenntnis von Zug zu gegenseitigen Verletzungen von Reformierten und Katholiken (M3.6): Welche Ereignisse in der Vergangenheit werden dort beschrieben? Haben die Schülerinnen und Schüler von den befragten Menschen Ähnliches gehört? Welche neue Haltung zum Umgang mit Gemeinsamkeiten und Unterschieden wird in dem Schuldbekenntnis zum Ausdruck gebracht? Wie kann diese Haltung konkret umgesetzt werden?

■ *Interviews mit Angehörigen religiöser Minderheiten führen* ●●○

Die Schülerinnen und Schüler befragen in Partnerarbeit jüdische und muslimische Menschen nach Erfahrungen von Ausgrenzung und Diskriminierung und präsentieren ihrer Klasse ein Porträt der befragten Person.

■ *Wissen über die Verfolgung der Täufer in weiteren Regionen der Schweiz erwerben* ●●●
Das Haslibacher-Lied (M3.7) schildert die Gefangenschaft, Verurteilung und Hinrichtung des Sumiswalder Täufers Hans Haslebacher. Seine Enthauptung am 20. Oktober 1571 war die letzte Hinrichtung eines Täufers im Kanton Bern. Die Schülerinnen und Schüler lesen in Partnerarbeit den Liedtext und markieren die sprachlich und inhaltlich schwierigen Ausdrücke. Sie entschlüsseln diese zu zweit, mithilfe der Lehrperson oder im Plenum. Dann erschliessen sie den dort geschilderten Verlauf der Ereignisse und beschreiben die besungene Haltung des Täufers und die beabsichtigte Wirkung auf die Zeitgenossen des Lieddichters.
Einen Einblick in das Vorgehen der Obrigkeit und zumindest nachträgliche Zweifel am eigenen Vorgehen gibt der Brief des ehemaligen Sumiswalder Landvogts Nikolaus Zurkinden an Johannes Calvin. Die Schülerinnen und Schüler lesen und interpretieren einen Ausschnitt dieses Briefs (M3.8) unter der Leitfrage: Wie bewertet Nikolaus Zurkinden im Nachhinein sein Vorgehen?

■ *Die Amischen als Nachfahren der Schweizer Täufer kennenlernen* ●●●
Die Schülerinnen und Schüler führen zu zweit oder in Gruppen eine Recherche zu den Amischen durch: Welches sind die historischen Wurzeln dieser Glaubensgemeinschaft? Wie leben ihre Mitglieder heute? Wie begründen sie ihre Lebensart? Die Schülerinnen und Schüler nehmen einen Perspektivenwechsel vor und überlegen, wie es für sie wäre, in einer solchen Gemeinschaft zu leben, und wie ihre eigene Lebensart von Amischen wahrgenommen würde. Sie dokumentieren ihre Erkenntnisse schriftlich auf einem Plakat oder mündlich in einem fiktiven Interview. Die Lehrperson erinnert bei der Aufgabenstellung im Sinne des Fachprofils an eine ernsthafte Auseinandersetzung und einen respektvollen Umgang mit Verschiedenheit.

Mögliche ausserschulische Lernorte

- Zürich: Zwingli-Denkmal neben der Wasserkirche, Zwinglis Schwert im Landesmuseum, Gedenkstein für die ertränkten Täufer an der Limmat (Schipfe)
- Bäretswil: Täuferhöhle
- Kappel am Albis: Milchsuppenstein, Zwingli-Denkmal
- Schleitheim: Täuferzimmer im Museum Schleitheimertal
- Sumiswald: Täuferpfad

Verknüpfung mit den Lehrmitteln

Blickpunkt 1

- Kapitel *Kinder*, S. 22: Taufe

Blickpunkt 3

- Kapitel *Judentum*, S. 14–16: Wie das Judentum in die Schweiz gekommen ist
- Kapitel *Christentum*, S. 48–50: Wie das Christentum in die Schweiz gekommen ist
- Kapitel *Christentum*, S. 66f: Vielfalt christlicher Kirchen
- Kapitel *Islam*, S. 82–84: Wie der Islam in die Schweiz gekommen ist

Literatur/Medien/Links

- Michael Baumann (Hrsg.). *Gemeinsames Erbe. Reformierte und Täufer im Dialog*. Theologischer Verlag Zürich, Zürich 2007.
- Dorothea Meyer-Liedholz / Kati Rickenbach. *Mit vollem Einsatz. Ein Comic über das Leben von Huldrych Zwingli.* Theologischer Verlag Zürich, Zürich ²2014. (Zwingli-Comic)
- Amy Nelson Burnett / Emidio Campi (Hrsg.). *Die schweizerische Reformation. Ein Handbuch.* Theologischer Verlag Zürich, Zürich 2017. S. 395–446. (Das Schweizer Täufertum)
- Peter Opitz. *Ulrich Zwingli. Prophet, Ketzer, Pionier des Protestantismus.* Theologischer Verlag Zürich, Zürich ²2017. S. 42–48.
- Jürg Rettenmund. *Auf den Spuren der Täufer von Sumiswald. Führer zum Täuferpfad.* Sumiswald o. J.
- Animationsfilm: Tom Hänni. *Schweizer Juden: 150 Jahre Gleichberechtigung* (3'07"), 2016, www.kurzundgut.ch/schweizer-juden-150-jahre-gleichberechtigung.

Bonus-Material (Begleit-DVD)

- B3.1 Foto der Gedenktafel für jüdische Pogromopfer in der Froschaugasse (siehe M3.5)

M 3.1

Huldrych Zwingli und der Krieg

1515 Monza

Huldrych Zwingli begleitet als Priester Glarner Söldner (Reisläufer) und treibt sie mit den Worten an: «Kämpft tapfer für Vaterland und Papst, Gott wird euch den Sieg geben!» (Tafel des Zwingliportals des Grossmünsters)
©Foto: Peter Hürlimann

1521 Zürich

Aus: Dorothea Meyer-Liedholz / Kati Rickenbach. *Mit vollem Einsatz. Ein Comic über das Leben von Huldrych Zwingli.* Theologischer Verlag Zürich, Zürich [2]2014. S. 6.
©Evangelisch-reformierte Landeskirche des Kantons Zürich / Kati Rickenbach

1531

Aus: Dorothea Meyer-Liedholz / Kati Rickenbach. *Mit vollem Einsatz. Ein Comic über das Leben von Huldrych Zwingli.* Theologischer Verlag Zürich, Zürich [2]2014. S. 30f. ©Evangelisch-reformierte Landeskirche des Kantons Zürich / Kati Rickenbach

M 3.2

Religionskriege in der Schweiz: Der Erste und der Zweite Kappelerkrieg

Zweimal standen sich katholische Innerschweizer und reformierte Zürcher bei Kappel am Albis gegenüber – mit ganz unterschiedlichem Ausgang:

1529

Nachdem die Prediger der neuen reformierten Lehre in katholischen Orten hingerichtet worden sind, kommt es zur ersten militärischen Konfrontation bei Kappel am Albis, wo die Gebiete von Zug und Zürich aneinanderstossen. Der Glarner Landammann Aebli mahnt jedoch zur Einsicht und die Führer beider Parteien beraten sich im Kloster Kappel. Währenddessen kommen der Legende nach die Soldaten zu einem Milchsuppenessen genau auf der Grenze zusammen, zu dem die Innerschweizer die Milch und die Zürcher das Brot beigetragen haben sollen. Der anschliessende Kappeler Landfriede räumt jeder Gemeinde die freie Wahl zwischen altem und neuem Glauben ein.

Tafel des Zwingliportals: Kappeler Milchsuppe
©Foto: Peter Hürlimann

1531

Als sich nach gegenseitigen Provokationen beide Parteien erneut bei Kappel am Albis gegenüberstehen, erleidet das zahlenmässig klar unterlegene Zürcher Heer eine vernichtende Niederlage. Wie viele andere stirbt auch Zwingli auf dem Schlachtfeld.

Tafel des Zwingliportals: Zwinglis Tod bei Kappel
©Foto: Peter Hürlimann

M 3.3

Huldrych Zwingli und die Täufer

Aus: Dorothea Meyer-Liedholz / Kati Rickenbach. *Mit vollem Einsatz. Ein Comic über das Leben von Huldrych Zwingli.* Theologischer Verlag Zürich, Zürich [2]2014. S. 18 + 23. ©Evangelisch-reformierte Landeskirche des Kantons Zürich / Kati Rickenbach

M 3.3

Aus: Dorothea Meyer-Liedholz / Kati Rickenbach. *Mit vollem Einsatz. Ein Comic über das Leben von Huldrych Zwingli.* Theologischer Verlag Zürich, Zürich [2]2014. S. 24f. ©Evangelisch-reformierte Landeskirche des Kantons Zürich / Kati Rickenbach

M3.4

Todesurteil für Felix Manz

Felix Manz wurde am 5. Januar 1527 hingerichtet durch Ertränken. Die Zeichnung zeigt zwei andere Täufer, an denen kurze Zeit nach Felix Manz das Todesurteil durch Ertränken in der Limmat vollstreckt wurde. Die Zeichnung findet sich in Heinrich Thomanns Abschrift (1605/06) von Heinrich Bullingers Reformationsgeschichte. ©Zentralbibliothek Zürich, Handschriftenabteilung, Ms. B 316, f. 336v

Aus dem Todesurteil des Rats der Stadt Zürich über Felix Manz

«Genannter Felix Manz soll wegen seines aufrührerischen Wesens, seiner Zusammenrottung gegen die Obrigkeit und weil er gegen die christliche Regierung und die bürgerliche Einheit gehandelt hat, dem Nachrichter [Henker] übergeben werden, der ihm seine Hände binden, in ein Schiff setzen, zu dem unteren Hütly (einer damals mitten in der Limmat gelegenen Fischerhütte) bringen und auf dem Hütly die Hände gebunden über den Kopf streifen und einen Knebel zwischen den Armen und Beinen durchstossen und ihn also gebunden in das Wasser werfen soll, um ihn im Wasser sterben und verderben zu lassen, damit er nach Gericht und Recht gebüsst habe.»

Moderne Übersetzung aus: de.wikipedia.org/wiki/Felix_Manz

M3.5

Gedenktafel in der Froschaugasse in Zürich

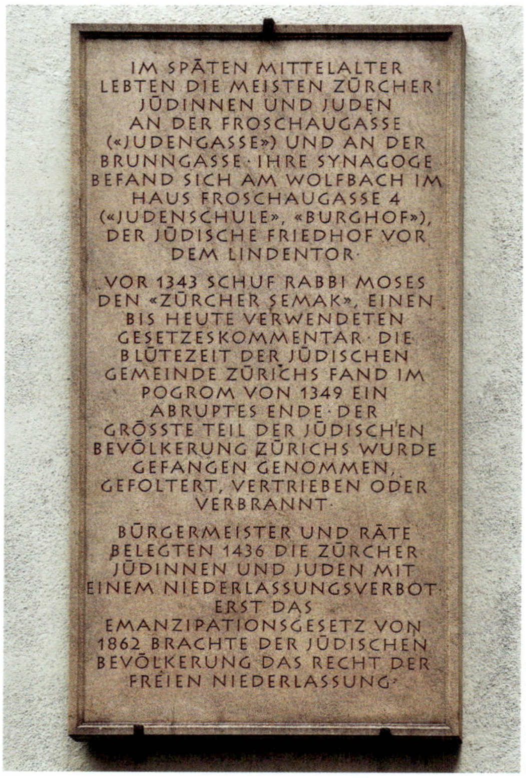

© Foto: Wikimedia / Roland zh

M3.6

Schuldbekenntnis der Reformierten und Katholiken

In einem ökumenischen Gottesdienst am 1. April 2017 in Zug zu 600 Jahren Niklaus von Flüe und 500 Jahren Reformation blickten Reformierte und Katholiken auf schmerzhafte Geschehnisse in der Vergangenheit zurück:

«Es ist uns nicht möglich, diesen Gedenktag heute redlich zu begehen, ohne den Schmerz zu benennen, der untrennbar damit verbunden ist. So wollen wir all das Zerteilende aussprechen, auch wenn es unsere Identität als Christen und Christinnen in Frage stellt. Und wir wollen zu unserer Schuld als Kirchen stehen.

Wir bekennen, dass wir durch unser Denken, Reden und Handeln trennend gewirkt und einander die rechte Gesinnung, den wahren Glauben und das Kirche-Sein abgesprochen haben.

Wir bekennen, dass wir einander Gewalt angetan haben und gegeneinander gar in den Krieg gezogen sind. In die Kappelerkriege, in die Schlacht am Gubel, in die Villmergenkriege. Dass wir einander als Ketzer verfolgt, aus den Dörfern vertrieben, ausgehungert, eingekerkert oder lebendigen Leibs verbrannt haben.

Wir bekennen, dass wir als Geschwister im Glauben an den einen Gott getrennte Schulhäuser, getrennte Räte, getrennte Landsgemeinden, getrennte Kirchen, Gottesdienste und Tische errichtet haben und das Brot noch immer nicht gemeinsam brechen.

Wir bekennen, dass wir einander in den Alltagen viel zuleide getan haben. Dass wir voreinander die Strassenseiten gewechselt, die Beziehungen unserer Kinder, die sich in die ‹Falschen› verliebt haben, abgelehnt, unsere Häuser nicht an Katholische oder Reformierte veräussert, Andersgläubigen Anstellungen verweigert und Wunden in Menschen geschlagen haben.

Wir bekennen, dass wir immer noch nicht fähig sind, gemeinsam zu erkennen, welche Art Einheit dem Willen Christi entspricht, und so immer noch getrennt sind. Dass uns der Buchstabe des Rechts wichtiger war als der Hunger der Menschen nach Einheit. Dass der wirkliche ‹Skandal› die inneren Trennungen sind und nicht die ungelenken Versuche, die Einheit zu vertiefen.

Wir bekennen, dass wir einander ausgeladen haben, wo doch nicht wir es sind, die einladen, und einander vorenthalten haben, was uns nicht gehört. Dass wir die Unterschiede als Trennungen begriffen, die Verschiedenheit und nicht die Verbundenheit betont und uns viel zu sehr mit uns selber beschäftigt und viel zu wenig der Welt zugewandt und Zeugnis für Gottes Liebe abgelegt haben.

Erbarme dich, Gott! Kyrie eleison!»

Aus: www.ref-500.ch/sites/default/files/p4_liturgie_deutsch_vierstimmig.pdf, S. 6f.

M3.7

Das Haslibacher-Lied

Im Haslibacher-Lied wird die Gefangenschaft und Hinrichtung von Hans Haslebacher besungen, der am 20. Oktober 1571 als letzter Täufer im heutigen Kanton Bern hingerichtet wurde. Im Lied werden auch kritische Töne gegen das Vorgehen der Regierung laut. Deshalb wurde es von der Berner Obrigkeit bis ins 18. Jahrhundert mehrfach verboten.
Die nordamerikanischen Täufer nahmen das Haslibacher-Lied ab 1742 als 140. und letztes Lied in ihr Gesangbuch, den Ausbund, auf. Noch heute wird das Lied von den Old Order Amish gesungen.

1. Was wend wir aber heben an
Zu singen von einem alten Mann,
Der war von Haslibach,
Haslibacher ward er genannt
Aus der Kilchhöri Sumiswald.

2. Da das der lieb Gott zu tät lan
Dass er wurd hart geklaget an
Wohl um den Glauben sin,
Da hat man ihn gefangen hart,
Führt ihn gen Bern wohl in die Stadt.

3. Und da er nun gefangen ward
Gepinigt und gemartert hart
Wohl um den Glauben schon,
Jedoch war er geständig gsein
In seiner Marter, Angst und Pein.

4. An einem Freitag, tunt mich verstahn,
Täten die Glehrten zu ihm gan
Wohl in die Gfangenschaft,
Fiengen zu disputieren an,
Er soll von sinem Glauben abstahn.

5. Der Haslibacher auf der Stätt
Sie überdisputieret hätt.
Da sprach er bald zu ihn':
Von meinem Glauben tu ich nit stahn,
Eh will ich Leib und Leben lan.

6. Und da es an einem Samstag war,
Die Glehrten giengen aber dar,
Redten ihm heftig zu:
Du musst von deinem Glauben abstahn,
Oder man wird dein Haupt abschlahn.

7. Gar bald er ihn' zur Antwort gab:
Ich steh nit von mim Glauben ab,
Ich halt ihn festiglich.
Dann mein Glaub ist vor Gott so gut,
Er wird mich han in Schirm und Hut.

Illustration von Rudolf Münger (1862–1929), die er für das Volksliederbuch *Im Röseligarte* (Bd. 3, erstmals erschienen 1910) angefertigt hat.

M3.7

8. Und wie es war am Samstag z'nacht,
Ein Engel Gottes kam mit Macht,
Zum Haslibacher hin.
Sprach: Gott hat mich zu dir gesendt,
Zu trösten dich vor deinem End.

9. Ins Wirtshaus führt man ihn fürwahr,
Man stellt ihm Essen und Trinken dar,
Den Henker neben ihm,
Dass er soll in ein Grausen kon
Und noch von sinem Glauben stohn.

10. Der Täufer sprach zum Henker gut:
Nun esst und trinkt, seid wohl zu Mut,
Ihr werdet heutigs Tags
Hinrichten mein unschuldig Blut,
Ist aber meiner Seelen gut.

11. Da er nun auf die Richtstatt kon,
Sein Hut von seinem Haupt hat gnon
Und legt ihn vür die Leut.
Euch bitt ich, Meister Lorenz gut,
Lond mir hie ligen meinen Hut.

12. Hiemit fiel er auf seine Knei,
Ein Vatter Unser oder zwei
Er da gebättet hat.
Mein Sach ist jetzt gesetzt zu Gott
Tund jetzt nur euerm Urteil statt.

13. Darnach man ihm sein Haupt abschlug,
Da sprung er wieder in sein Hut.
Die Zeichen hätt man gsehn:
Die Sonnen wurd wie rotes Blut,
Der Staldenbrunnen tät schwitzen Blut.

14. Die Herren sprachen insgemein:
Kein Täufer wir mehr richten wend.
Da sprach ein alter Herre:
Wär es nach meinem Willen kon,
Den Täufer hätt man am Leben lon.

15. Der Henker der sprach mit Unmut:
Heut hab ich gericht unschuldig Blut.
Da sprach ein alter Herre:
Des Täufers Mund hat glacht im Hut,
Das bedeut Gottes Straf und Rut.

16. Der uns das Liedlein hat gemacht,
Der war um's Leben in Gefangenschaft,
Den Sündern tät er's z'lieb.
Ein Herr ihm Federn und Dinten bracht,
Er schenkt uns das zu guter Nacht.

Das Haslibacher-Lied umfasst insgesamt 32 Strophen. Die 16 Strophen sind eine Auswahl, die sich findet in: Otto von Greyerz (Hrsg.) *Im Röseligarte. Schweizerische Volkslieder.* Mit Buchschmuck von Rudolf Münger. Gesamtausgabe. Zytglogge Verlag, Oberhofen am Thunersee 2008. S. 190–193.

M3.8

Todesurteile gegen Täuferinnen und Täufer aus der Sicht der Obrigkeit

Bis 1534 war Nikolaus Zurkinden Landvogt in Sumiswald. Über seine Erfahrungen mit den Täufern schreibt er im Jahr 1554 an den Genfer Reformator Johannes Calvin:

«Ich gestehe dir gerne, dass auch ich zu der Zahl derer gehöre, die wünschen, das Schwert so selten als möglich als Zwangsmittel gegen die Widersacher des Glaubens angewendet zu sehen, ob sie nun aus Vorsatz oder aus Unwissenheit irren. Und mich bewegen dazu nicht so sehr die Stellen der Schrift, die angeführt werden, um die Schärfe des Schwertes von der Behandlung der Glaubenssachen fernzuhalten, als die unglaublichen Beispiele, die in unserer Zeit bei der Bestrafung der Wiedertäufer vorgekommen sind.
Ich war Zeuge, wie hier eine achtzigjährige Greisin und ihre Tochter, eine Mutter von sechs Kindern, zum Tode geführt wurden, aus keinem andern Grunde, als weil sie nach der bekannten und landläufigen Lehre der Täufer die Kindertaufe leugneten. Und das nur auf ihre eigene Gefahr hin, denn es war doch nicht zu befürchten, dass zwei Weiblein unsern Erdkreis mit ihrer falschen Lehre hätten verderben können.»

Aus: Jürg Rettenmund. *Auf den Spuren der Täufer von Sumiswald. Führer zum Täuferpfad.* Sumiswald o. J. S. 5.

4 Lernen mit den Zwinglis (180')

Baustein für einen Erlebnisnachmittag in der Mittelstufe (Club 4/JuKi)

Dorothea Meyer-Liedholz, Therwil

Darum geht es

Der Baustein thematisiert die Aufwertung der Bildung für alle zur Zeit der (Zürcher) Reformation, bei der die Bibel eine zentrale Rolle spielte. An verschiedenen Posten lernen die Kinder über die Bibel und die Zeit Zwinglis. Sie reflektieren das Lernen der Filmfiguren und ihr eigenes Lernen im kirchlichen Unterricht.

Zeit	**Unterrichtsphase** / Aktivität *(Sozialform)*	Material
25'	**Einstieg**	
	Lied *B-I-B-E-L (PL)*	SB4 S. 4
	Kurze Einführung und Vorwissen über die Bibel teilen *(PL)*	
	Aus den Buchstaben des Worts Bibel Wörter stempeln *(GA)*	Buchstabenstempel B, I, E, L, Stempelkissen, Papier
	Gespräch zur Bedeutung des Lesens führen *(PL)*	
70'	**Erarbeitung**	
	Einführung in den Animationsfilm und die Reformation als Bibel- und Bildungsbewegung *(LV)*	G3/M4.1
	Animationsfilm sehen, Austausch und Sammeln von offenen Fragen *(PL)*	F *Immer diese Zwinglis!*, Flipchart, Faserschreiber
	Postenarbeit: Lernen mit den Zwinglis *(PA)*	M4.2–9 (Material siehe dort); evtl. Laufzettel, Stifte
	Kurze Reflexion des eigenen Lernens an den Posten *(PL)*	
20'	Pause: Essen wie zu Zwinglis Zeiten	M4.10 (Material siehe dort)
65'	**Vertiefung**	
	Animationsfilm ein zweites Mal mit Beobachtungsauftrag zum Lernen sehen *(PL)*	F *Immer diese Zwinglis!*, M4.11
	Lernplakate: Rückblick auf das eigene Lernen im kirchlichen Unterricht *(GA)*	Plakate, Faserschreiber
	Vernissage der Plakate und Austausch zu Lernen und Glauben *(PL)*	

Anknüpfungspunkte

Lesen zu lernen ist eine Voraussetzung, um die Bibel selbst lesen zu können, um sich eine Meinung zum Glauben zu bilden, um ein mündiger Christ, eine mündige Christin zu werden. Dafür hat sich Huldrych Zwingli eingesetzt. Die Übersetzung der Bibel und die Schulbildung für alle, Arm und Reich, Jungen und Mädchen, trugen wesentlich zum Erfolg der (Zürcher) Reformation bei.

Viele Mittelstufen-Kinder interessieren sich für Realien und frühere Zeiten, sie wollen Neues lernen und sich selbst eine Meinung bilden. Bei der Beschäftigung mit der ersten Zürcher Bibel, Zwingli und der Anfangszeit der reformierten Kirche lässt sich viel erkunden: Wie haben die Menschen damals gelebt? Wie haben Zwingli und seine Freunde die Bibel übersetzt? Warum war die Bibel für Zwingli so wichtig? Wie hat die Reformation das Leben der Menschen verändert? Offenheit und Neugierde, der Mut, Fragen zu stellen und Antworten zu suchen, gehören zu den Grundlagen des Lernens, damals und heute. Der Baustein gibt den Kindern Möglichkeiten zum Lernen und Anregungen, das eigene Lernen zu reflektieren.

Ziele

Die Kinder

- wissen, dass die Wertschätzung der Bibel und die Förderung der (religiösen) Bildung Kennzeichen der reformierten Kirche seit ihren Anfängen sind;
- reflektieren das (eigene) Lernen;
- verstehen die Bedeutung des (religiösen) Lernens von und mit anderen.

Screenshot: Ein Mitstreiter Zwinglis erzählt den Zwingli-Kindern von den guten Ideen ihres Vaters, aus dem Animationsfilm *Immer diese Zwinglis!* © Evangelisch-reformierte Landeskirche des Kantons Zürich / Kati Rickenbach / Brunner&Meyer, Zürich

Vorschlag für einen Erlebnisnachmittag

Hinweise zur Planung von zwei 90-minütigen Modulen für Club 4 / JuKi: Als Basismodul den *Einstieg* (Lied, Einführung, Wörter stempeln, Gespräch) und die *Erarbeitung* (Film, Postenarbeit, Reflexion) aufbereiten, als Aufbaumodul die *Vertiefung* (Film, Lernplakate, Vernissage) anbieten.

Einstieg (25')

Lied B-I-B-E-L

Gemeinsam wird das Lied *B-I-B-E-L* (SB4 S. 4) gesungen. Es beschreibt die Bibel als Buch, in dem Menschen ihre Geschichte mit Gott erzählen. Warum ist die Bibel für uns Reformierte so wichtig?

■ *Kurze Einführung und Vorwissen über die Bibel teilen*

Die Leitung stellt den Zürcher Reformator Huldrych Zwingli vor. Für ihn war die Bibel das wichtigste Buch des Glaubens. Deshalb hat er zusammen mit Sprachgelehrten die Bibel aus den Originalsprachen ins Deutsche übersetzt (siehe M4.1). Kurzer Austausch: Was wisst ihr bereits über die Bibel?

■ *Aus den Buchstaben des Worts Bibel Wörter stempeln*

Die Kinder bilden kleine Gruppen. Jede Gruppe erhält ein Stempelset mit den Buchstaben B, I, E und L (Variante: Scrabble-Buchstaben), ein Stempelkissen und Papier. Die Gruppen versuchen, mit diesen vier Buchstaben möglichst viele verschiedene Wörter zu stempeln, Buchstaben dürfen doppelt verwendet werden. Anschliessend im Plenum die Wörter sammeln.

■ *Gespräch zur Bedeutung des Lesens führen*

Die Leitung weist darauf hin, dass wir aus Buchstaben Wörter bilden, aus Wörtern ganze Sätze. In der Zeit, in der Zwingli gelebt hat, kannten viele Menschen die Buchstaben nicht. Sie konnten nicht lesen. Fragen für das Gespräch:

- Ihr könnt alle lesen. Wie habt ihr lesen gelernt?
- Was lest ihr? In welcher Form?
- Warum ist es wichtig, lesen zu können?

Erarbeitung (70')

■ *Einführung in den Animationsfilm und die Reformation als Bibel- und Bildungsbewegung*

Die Leitung gibt eine Einführung zum Animationsfilm *Immer diese Zwinglis!*. Der Film hat zwei Handlungsebenen, die Ebene der Kinder und die der Rückblenden auf das Wirken Huldrych Zwinglis (zur Orientierung siehe G3). Die Leitung hebt die Bedeutung der Bibel und der (Schul-)Bildung hervor, die Zwingli sehr am Herzen lagen. Der Zürcher Reformator setzte sich dafür ein, dass alle Leute lesen lernen. Bibel und Bildung waren für die Wirkung der Zürcher Reformation zentral (siehe M4.1).

■ *Animationsfilm sehen, Austausch und Sammeln von offenen Fragen*

Die Kinder sehen den Film *Immer diese Zwinglis!* ein erstes Mal.

Austausch zum Film. Gesprächsimpulse: Was hat euch gefallen? Was war schwierig zu verstehen? Was möchtet ihr genauer wissen? Wo kam die Bibel im Film vor? – Die Fragen der Kinder, die nicht sofort beantwortet werden können, werden auf Flipchart notiert. Interessierte Kinder können sich an Posten 1 (siehe unten) mit diesen Fragen befassen.

■ *Postenarbeit: Lernen mit den Zwinglis*
Die Leitung stellt die Postenarbeit vor. An verschiedenen Posten können die Kinder mehr über die Bibel und das Lernen und Leben zur Zeit der Zwinglis lernen (Überblick siehe M4.2; Postenblätter M4.3–9, Material siehe dort). Die Kinder sollen sich Posten aussuchen, die sie neugierig machen und an denen sie Neues lernen möchten. Es lohnt sich, den Kindern einen Laufzettel mit den angebotenen Posten abzugeben, auf dem die Kinder notieren können, was sie an den jeweiligen Posten Neues gelernt haben. Dies unterstützt die anschliessende Reflexion.
Die Kinder besuchen zu zweit Posten ihrer Wahl. Sie verweilen an den Posten, solange sie möchten.

Ideen für Posten zum Lernen zur Zeit der Zwinglis (Überblick siehe M4.2; eine Auswahl treffen)
Posten 1: Unseren Fragen zum Animationsfilm nachgehen (betreuter Posten)
Posten 2: Die erste Zürcher Bibel von 1531 (M4.3–5)
Posten 3: Drucken wie Christoph Froschauer
Posten 4: Löffel oder Gabel? Quiz zu Huldrych Zwingli und zur Zürcher Reformation (M4.6) (betreuter Posten)
Posten 5: In Zwinglis Schreibstube. Finde 10 Fehler! (M4.7)
Posten 6: Schule für alle (M4.8–9)
Posten 7: Wiegen wie zu Zwinglis Zeiten
Posten 8: Rechnen wie zu Zwinglis Zeiten
Posten 9: Mit einfachen Küchenwerkzeugen Gemüse rüsten (betreuter Posten)

■ *Kurze Reflexion des eigenen Lernens an den Posten*
Ein kurzes Ranking machen: Welcher Posten hat euch am besten gefallen? Warum? Was habt ihr Neues gelernt? (evtl. siehe Notizen auf den Laufzetteln). Wie ging das Lernen im Zweierteam? Evtl. Ergebnisse auf dem Flipchart sammeln.

■ *Pause: Essen wie zu Zwinglis Zeiten (20')*
Die Kinder geniessen ein Zvieri wie zu Zwinglis Zeiten: Rahmfladen, Gemüsesticks in Kräuterquark und Früchte (Rezept Rahmfladen siehe M4.10).

Vertiefung (65')
■ *Animationsfilm ein zweites Mal mit Beobachtungsauftrag zum Lernen sehen*
Die Kinder wählen für sich eine Identifikationsfigur, aus deren Perspektive sie den Film betrachten möchten (M4.11). Der Animationsfilm wird ein zweites Mal gezeigt. Immer wenn eine Identifikationsfigur etwas lernt, wird der Film unterbrochen (Zwischenrufe sind erlaubt und erwünscht!). Sich kurz austauschen: Wie, was und von wem lernt die Figur? – Den Film weiter sehen bis zum nächsten Stopp etc.
Kurzes Gespräch im Anschluss. Mögliche Gesprächsimpulse: In welchen Situationen seid ihr hochmotiviert, etwas zu lernen? Warum? Von wem lernt ihr? – Wenn nötig macht die Leitung abschliesssend aufmerksam auf das Lernen durch Fragen, das Lernen voneinander und das Lernen durch Begegnung. Diese Formen des Lernens verbinden uns mit den Zwingli-Kindern.

■ *Lernplakate: Rückblick auf das eigene Lernen im kirchlichen Unterricht*
Die Leitung rückt das Lernen im Unti in den Fokus. Ueli und seine Geschwister haben in der Familie, in der Schule und in der Begegnung mit Menschen Neues gelernt. Auch der Unti ist eine Möglichkeit zum Lernen: Was habt ihr bereits im Unti gelernt? Was ist euch in Erinnerung geblieben?
Die Kinder und Jugendlichen gestalten in kleinen Gruppen ein Plakat mit dem, was ihnen aus ihren Unti-Jahren in Erinnerung geblieben ist: Sie schreiben, zeichnen, skizzieren.

■ *Vernissage der Plakate und Austausch zu Lernen und Glauben*
Die Kinder und Jugendlichen stellen ihre Plakate vor. Fragen für den Austausch: Was haben wir gelernt? Von was/wem haben wir gelernt? (von [biblischen] Geschichten, Texten und Bildern, voneinander, von dem Katecheten/der Katechetin, von Gästen). Was bringt uns der Unti? Kann man Glauben eigentlich «lernen»?
Tipp: Die Familien der Kinder zur Vernissage einladen.

In den Zürcher Unterrichtshilfen
Wir entdecken die Bibel (AH4)
- Themenfeld 1 Forschungsprojekt Bibel (mit Postenarbeit)

Wir entdecken die Bibel (SB4)
- 1 Bibel (S. 2–21)

Wir glauben in Vielfalt (AH JuKi)
- Themenfeld 3 Die Zürcher Reformation / L3.5 Die Bibel für alle

Mit vollem Einsatz. Ein Comic über das Leben von Huldrych Zwingli (JuKi)
- S. 2: Teenager vor dem Grossmünster stellt dem Vater Fragen zu Zwingli
- S. 4: Gerold lernt Latein
- S. 28f: Bedeutung der Bildung für alle (Prophezei, öffentliche Vorlesungen, Bibelübersetzung)

Wir leben in Beziehungen (AH Konf)
- 1.3.4 Selber denken: Wir Reformierten

Literatur/Medien/Links

- Dorothea Meyer-Liedholz / Rahel Voirol-Sturzenegger. *Wir entdecken die Bibel. Arbeitshilfe mit Begleit-DVD für das 4. Schuljahr (Club 4)*. Theologischer Verlag Zürich, Zürich ²2012. (Der Arbeitshilfe ist eine Postenarbeit zum Thema Forschungsprojekt Bibel beigelegt, die Ideen zu weiteren Bibel-Posten liefert.)
- Amy Nelson Burnett / Emidio Campi (Hrsg.). *Die schweizerische Reformation. Ein Handbuch.* Theologischer Verlag Zürich, Zürich 2017. S. 521f, 527–548. (Das Schul- und Bildungswesen zwischen 1500 und 1600)
- Peter Opitz. *Ulrich Zwingli. Prophet, Ketzer, Pionier des Protestantismus.* Theologischer Verlag Zürich, Zürich ²2017.
- Christoph Sigrist (Hrsg.). *Die Zürcher Bibel von 1531. Entstehung. Verbreitung und Wirkung.* Theologischer Verlag Zürich, Zürich 2011. S. 8–25.

M 4.1

Die Reformation als Bibel- und Bildungsbewegung

Die Reformation als Bibelbewegung

Die Reformation hat die Bibel wieder ins Zentrum von Glaube und Kirche gerückt. In Zürich hielt Huldrych Zwingli die Zürcherinnen und Zürcher zum Studium der Bibel an, setzte sich für eine breite Alphabetisierung der Bevölkerung in der Stadt und auf dem Land ein. Zwingli war federführend in der raschen Übersetzung der Bibel in die Sprache des Volkes. Die Bibel war das Zentrum der Reformation Huldrych Zwinglis. Die tiefgreifenden Reformen in Kirche und Gemeinwesen waren von biblischen Texten inspiriert, z. B. die neue Ordnung des Eherechts und der Armenpflege (beide 1525). Die Konzentration auf die Bibel und die Predigt des Wortes Gottes ist ein Kennzeichen der reformierten Kirchen geblieben.

Titelblatt der ersten Zürcher Bibel von 1531 (Froschauerbibel)
©Zentralbibliothek Zürich, Alte Drucke & Rara

Zur Geschichte der Zürcher Bibel

Die Zürcher Bibel von 1531 ist die erste vollständige Bibelübersetzung der Reformationszeit in deutscher Sprache (Luthers Übersetzung des Neuen Testaments erschien zwar schon 1522, die Übersetzung der ganzen Bibel jedoch erst 1534). Die Zürcher Bibel ist eine Frucht der Gemeinschaftsarbeit der Prophezei, einer theologischen Bildungsstätte bzw. einer «Bibelschule», die Zwingli 1525 gegründete hat. In weiten Teilen des Alten Testaments wurde eine Neuübersetzung des hebräischen Urtexts ins alemannisch-schweizerische Deutsch realisiert, in anderen Bibelteilen, besonders im Neuen Testament, wurde in Anlehnung an die Bibelübersetzung Martin Luthers übersetzt.
Die erste Zürcher Bibel ist mit ca. 200 Holzschnitten illustriert, von denen etwa die Hälfte vom bekannten Künstler Hans Holbein d. J. (1497–1543) stammt. Dies erstaunt, da Zwingli und die Zürcher Reformation im Ruf stehen, «bilderfeindlich» zu sein. Zwingli liess die Bibel ganz offensichtlich in didaktischer Absicht illustrieren.

Seite aus der Zürcher Bibel von 1531: Der Turmbau zu Babel mit Illustration
©Zentralbibliothek Zürich, http://doi.org/10.3931/e-rara-7469. Mit freundlicher Genehmigung der Evangelisch-reformierten Kirchgemeinde Grossmünster in Zürich.

Die Übersetzungen der Zürcher Bibel

«Die Zürcher Bibel geht auf Huldrych Zwingli und seinen Übersetzerkreis zurück. Ab 1524 erschienen verschiedene Ausgaben der fortlaufenden Übersetzung, die schliesslich 1531 mit dem Druck der Deutschen Foliobibel, der sogenannten Froschauerbibel, ihren krönenden Abschluss fand. Auch in den folgenden Jahrhunderten wurde die Zürcher Übersetzung immer wieder revidiert. […] Wegen ihrer nüchternen, klaren Sprache und ihrer Nähe zum Urtext wurde sie zum Klassiker. In den vergangenen 75 Jahren aber hat sich in der Sprache, in der religiösen Welt wie in der theologischen Forschung viel bewegt. Deshalb beschloss die Synode der Evangelisch-reformierten Kirche Zürich 1984, eine Neuübersetzung in Auftrag zu geben: eine wissenschaftlich zuverlässige und sprachlich sorgfältige Übersetzung für die Gegenwart, anwendbar in Gottesdienst und Unterricht.» Nach mehr als 20 Jahren Übersetzungsarbeit wurde die Neuübersetzung der Zürcher Bibel 2007 abgeschlossen.

Die Übersetzung der Zürcher Bibel von 2007 in verschiedenen Aufmachungen
©Keystone / Walter Bieri

Zitat aus: Prospekt Die neue Zürcher Bibel. 2007, www.tvz-verlag.ch/fileadmin/user_upload/PDF/Bibelprospekt.pdf.

AH Zwingli / 4 Lernen mit den Zwinglis

M 4.1

Die Vorrede zur ersten Zürcher Bibel

In seiner Vorrede zur Zürcher Bibel 1531 verglich Zwingli die Arbeit an den biblischen Texten mit derjenigen eines Sämanns. Gottes Wort solle in die Herzen der Menschen gesät werden, damit dort die Frucht des Gottvertrauens und eines christlichen Lebens aufgehe. Zwingli traute dem Wort der Bibel zu, dass es das Reich Christi mehre und die Welt besser mache. Er war tief erfüllt vom Glauben an die Kraft des Gottesworts. Und das damals neue Massenmedium des gedruckten Buchs eröffnete die Möglichkeit, dass Menschen dem Wort Gottes ohne Vermittlung von Kirche und Priester begegnen konnten. Deshalb forderte Zwingli die Glaubenden auf, sich die Bibel zu kaufen. Die Übersetzer wiesen zum Schluss der Vorrede darauf hin, dass sie ihre Arbeit nach bestem Wissen und Gewissen getan hätten, dass aber ihr Tun, wie alle menschliche Arbeit, unvollkommen sei. Die Bibelübersetzung sei nicht ein für alle Mal abgeschlossen, sondern müsse immer wieder neu unternommen werden.

Nach: Ruedi Reich. *Die Zürcher Bibel – ein Geschenk, an welchem zu arbeiten der Zürcher Kirche seit Jahrhunderten aufgegeben ist.* Vortrag an den Kirchenpflegetagungen in Boldern 2007, Manuskript, S. 1–10. (unveröffentlicht)

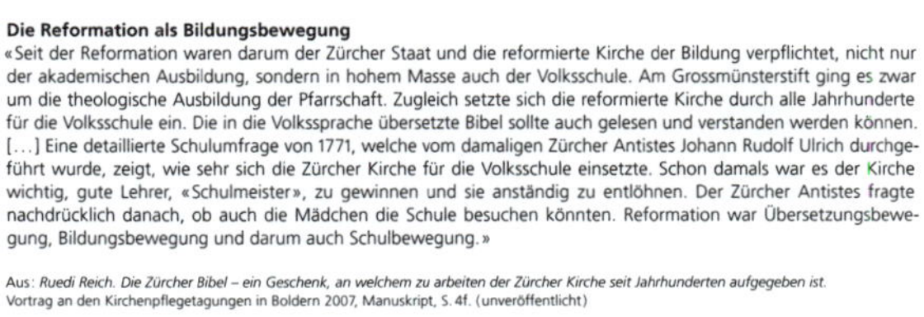
Hiemit bittend wir alle glöubigen das sy unser arbeyt und müy zů gůtem annemmen wöllind/ bessers exemplar habend wir yetzmal nit gehebt / wir mögend aber leyden/und begärends auch von Gott das er durch seyne diener noch ein eigenlichere vñ klarere interpretation wölle härfür bringen. Wo das geschicht wirdt es uns sundere grosse fröud bringẽ/darzwüschend wöllend wir euch diß unser bůch empfolhen haben fleyssig zeläsen / damit das reych Christi allenthalb ufgange und zůnemẽ/und die welt gebesseret und froñ werde/ Amen.

Abschlusssätze der Vorrede zur Zürcher Bibel von 1531 ©Zentralbibliothek Zürich, http://doi.org/10.3931/e-rara-7469.
Mit freundlicher Genehmigung der Evangelisch-reformierten Kirchgemeinde Grossmünster in Zürich.

Die Reformation als Bildungsbewegung

«Seit der Reformation waren darum der Zürcher Staat und die reformierte Kirche der Bildung verpflichtet, nicht nur der akademischen Ausbildung, sondern in hohem Masse auch der Volksschule. Am Grossmünsterstift ging es zwar um die theologische Ausbildung der Pfarrschaft. Zugleich setzte sich die reformierte Kirche durch alle Jahrhunderte für die Volksschule ein. Die in die Volkssprache übersetzte Bibel sollte auch gelesen und verstanden werden können. […] Eine detaillierte Schulumfrage von 1771, welche vom damaligen Zürcher Antistes Johann Rudolf Ulrich durchgeführt wurde, zeigt, wie sehr sich die Zürcher Kirche für die Volksschule einsetzte. Schon damals war es der Kirche wichtig, gute Lehrer, «Schulmeister», zu gewinnen und sie anständig zu entlöhnen. Der Zürcher Antistes fragte nachdrücklich danach, ob auch die Mädchen die Schule besuchen könnten. Reformation war Übersetzungsbewegung, Bildungsbewegung und darum auch Schulbewegung.»

Aus: *Ruedi Reich. Die Zürcher Bibel – ein Geschenk, an welchem zu arbeiten der Zürcher Kirche seit Jahrhunderten aufgegeben ist.* Vortrag an den Kirchenpflegetagungen in Boldern 2007, Manuskript, S. 4f. (unveröffentlicht)

Literatur

- Christoph Sigrist (Hrsg.). *Die Zürcher Bibel von 1531. Entstehung, Verbreitung und Wirkung.* Theologischer Verlag Zürich, Zürich 2011.
- Dorothea Meyer-Liedholz u. a. *Wir glauben in Vielfalt. Arbeitshilfe mit Begleit-DVD für das 5.–7. Schuljahr (JuKi).* Theologischer Verlag Zürich, Zürich 2011. S. 223 – 234. (Baustein 3.5 Die Bibel für alle)

AH Zwingli / 4 Lernen mit den Zwinglis

M4.2

Ideen für Posten zum Lernen zur Zeit der Zwinglis

Auf dem Materialblatt sind Ideen für neun Posten beschrieben, an denen die Kinder über die Bibel, die Reformation und die Zeit Zwinglis Neues lernen können. Das Vorbereitungsteam trifft eine Auswahl aus den Posten, evtl. ergänzt durch eigene Posten.

Posten 1: Unseren Fragen zum Animationsfilm nachgehen (betreuter Posten)
Die Kinder haben Fragen zum Animationsfilm auf einem Flipchart-Plakat gesammelt (siehe *Erarbeitung*), für die gemeinsam mit der Leitung Antworten gesucht werden. Hinweise und Informationen finden sich in G1 und G2, aber auch in den beiden Sach-Comics über Zwingli.
→ Literatur: Dorothea Meyer-Liedholz / Kati Rickenbach. *Mit vollem Einsatz. Ein Comic über das Leben von Huldrych Zwingli.* Theologischer Verlag Zürich, Zürich ²2014. 32 Seiten; Annett Staubach / Rudolf Eizenhöfer. *Zwingli. Ein Glaube versetzt Berge.* Das Kinder- und Jugendmagazin «tut», Luzern ²2017. 36 Seiten.

Posten 2: Die erste Zürcher Bibel von 1531
Die Kinder lernen die (erste) Zürcher Bibel besser kennen. Dazu steht ein Materialblatt mit Informationen (M4.3) bereit. Zwei Aufgaben können von den Kindern gelöst werden: das Entziffern einer Leseprobe aus der ersten Zürcher Bibel (M4.4; Lösung: Psalm 23,1–3) und das Zuordnen von fünf Holzschnitten zu den entsprechenden Bibelstellen (M4.5; Lösungen: Genesis 11,1–9 Turmbau zu Babel, Genesis 28,11–15 Jakobs Traum, Genesis 37,28 Josef wird aus der Zisterne befreit, Exodus 3,1–10 Berufung Moses am Dornbusch, Exodus 14,26–30 Das Volk Israel am Schilfmeer).
Weitere Ideen: Suchaufträge für die (verkleinerte) Faksimileausgabe der Zürcher Bibel von 1531 erteilen, z. B. den Beginn des Buchs der Psalmen finden.
→ Material: M4.3–5, Zürcher Bibeln, evtl. Faksimileausgabe der Zürcher Bibel von 1531 (erschienen 1983 im Theologischen Verlag Zürich, ist in Medienfachstellen oder Bibliotheken ausleihbar)

Posten 3: Drucken wie Christoph Froschauer
Die Kinder arbeiten in einer «Druckerwerkstatt». Sie wählen einen kurzen Bibelvers (oder einen Teil eines Bibelverses) aus, setzen den Text mit beweglichen Lettern und drucken ihn, z. B. auf ein Lesezeichen.
Zusatzidee: Druckbuchstaben A–Z selbst herstellen, z. B. Holzwürfel mit Buchstaben (spiegelverkehrt!) aus Moosgummi bekleben oder Buchstaben in weiche Radiergummis einritzen. Die Kinder drucken zum Abschluss ihre Namen.
→ Material: Druckkasten mit beweglichen Lettern, Stempelkissen, Auswahl bekannter Bibelverse (z. B. Ps 23,1a), Blanco-Lesezeichen o. Ä.; evtl. Holzklötze, dickes Moosgummi, Bleistifte, Scheren, Klebstoff oder Radiergummis, (Cutter-)Messer

Posten 4: Löffel oder Gabel? Quiz zu Huldrych Zwingli und zur Zürcher Reformation (betreuter Posten)
Quiz für 2 Kinder. Mit 18 Quizfragen testen und erweitern die Kinder ihr Wissen über Huldrych Zwingli und die Zürcher Reformation.
→ Material: M4.6, 2 Stühle, 2 Löffel, 2 Gabeln, kleine Preise

AH Zwingli / 4 Lernen mit den Zwinglis
©Evangelisch-reformierte Landeskirche des Kantons Zürich

M4.2

Posten 5: In Zwinglis Schreibstube. Finde 10 Fehler!
Die Kinder beschäftigen sich mit einer historischen Federzeichnung, die Zwinglis Schreibstube zeigt. Die Zeichnung ist zweimal abgedruckt, im unteren Bild sind 10 Fehler versteckt. Die Kinder suchen im unteren Bild nach den Abweichungen. Folgende Fehler finden sich dort: (1) Zwingli ohne Stirnfalten, (2) Zwinglis rechtes Bein ist kürzer, (3) fehlende Federn an der Schreibfeder Zwinglis, (4) fehlende Schreiblinie auf Brief, (5) fehlender Hundeschwanz, (6) fehlende Musterung am vorderen Tischbein, (7) fehlende Holzmaserung am Bücherregal, (8) Wappenbild zweimal abgebildet, (9) zusätzlicher Fensterflügel oben links, (10) zusätzlich blaue Bücher im Bücherregal.
→ Material: M4.7, Stifte

Posten 6: Schule für alle
Die Kinder befassen sich mit dem Thema Bildungsgerechtigkeit, die zur Zeit der Reformation keineswegs gegeben war und auch heute in vielen Ländern nicht realisiert ist. Dazu sehen die Kinder einen kurzen Dokumentarfilm an zum Thema Bildung für alle.
→ Material: 4.8–9, Laptop mit (ggf. externem) DVD-Laufwerk, Stifte

Posten 7: Wiegen wie zu Zwinglis Zeiten
Die Kinder wiegen mit einer alten Küchen- oder Apothekerwaage verschiedene Gegenstände aus. Das Wiegen kann als Achtsamkeitsübung (z. B. Posten in der Kirche aufstellen) oder als Wettbewerb (Wer wiegt am schnellsten?) gestaltet werden.
→ Material: alte Küchen- oder Apothekerwaage (mit oder ohne Gewichtssteine); Gegenstände zum Auswiegen; für den Wettbewerb: Auflistung der auszuwiegenden Gegenstände und zwei leere Spalten für Namen und Zeitangaben, Stifte; evtl. kleine Preise

Posten 8: Rechnen wie zu Zwinglis Zeiten
In der Zeit der Zwinglis gab es zwar noch keine Taschenrechner-Apps, aber es gab auch schon Hilfsmittel zum Rechnen. Der Abakus (Kugelrechenmaschine), der sich in verschiedenen Kulturen seit vielen Jahrhunderten findet, vereinfacht die vier Grundrechenarten. Die Kinder schauen auf Youtube ein Tutorial, das das Rechnen mit dem Abakus erklärt (Suche: abakus kugelrechenmaschine erklärt). Ein Kind überlegt sich eine Rechenaufgabe (Addition, Subtraktion, Multiplikation, Division), das andere Kind löst sie mit dem Abakus. Dann wird gewechselt. Die Kinder spielen und rechnen, solange es Spass macht.
→ Material: Internetzugang, Abakus (auch Abacus, ausleihbar in Ludotheken), Notizpapier, Stifte

Posten 9: Mit einfachen Küchenwerkzeugen Gemüse rüsten (betreuter Posten)
Für das gemeinsame Zvieri rüsten die Kinder Gemüse (Rüebli, Salatgurke, Peperoni etc.) und schneiden es in Stäbchen. Für den Kräuterquark werden frische Küchenkräuter fein geschnitten. Fürs Rüsten und Schneiden stehen den Kindern wie zu Zwinglis Zeiten nur einfache, vielleicht nicht mehr ganz scharfe Messer zur Verfügung. Beim Rüsten Sicherheitsregeln beachten!
→ Material: Messer, diverse Gemüsesorten, Quark, frische Küchenkräuter, wenig Salz und Pfeffer; Verbandskasten

AH Zwingli / 4 Lernen mit den Zwinglis
©Evangelisch-reformierte Landeskirche des Kantons Zürich

M4.3

Die erste Zürcher Bibel (1531) (Posten 2)

Huldrych Zwingli und seine Freunde diskutieren über die richtige Übersetzung eines Bibelverses.
Aus: Dorothea Meyer-Liedholz / Kati Rickenbach. *Mit vollem Einsatz. Ein Comic über das Leben von Huldrych Zwingli.* Theologischer Verlag Zürich, Zürich ²2014. S. 29. ©Evangelisch-reformierte Landeskirche des Kantons Zürich / Kati Rickenbach

Zwingli und seine Freunde übersetzen die Bibel
Zwingli merkte, dass viele Pfarrer zwar Gottesdienste leiteten, aber die Bibel, die in der Kirchensprache Latein geschrieben war, kaum verstanden. Wie sollten sie das Gottes Wort predigen können? Zwingli beschloss: Das muss sich ändern. So gründete er 1525 im Chorraum des Grossmünsters eine Schule für Pfarrer, die Prophezei. Hier konnten die Pfarrer die Bibel besser kennenlernen. Zwingli holte ausgezeichnete Sprachgelehrte nach Zürich. Denn er hatte einen Plan: Die ganze Bibel sollte aus den Originalsprachen Hebräisch (Altes Testament) und Griechisch (Neues Testament) in verständliches Deutsch übersetzt werden. Alle, nicht nur die Pfarrer, sollten die Bibel lesen und verstehen können. Sechs Jahre brauchten Zwingli und seine Freunde, bis die erste Zürcher Bibel vollständig übersetzt war. 1531 wurde sie von Christoph Froschauer gedruckt.

Aus welchem biblischen Buch ist diese Seite?

Eine Seite aus der ersten Zürcher Bibel.
©Zentralbibliothek Zürich, http://doi.org/10.3931/e-rara-7469. Mit freundlicher Genehmigung der Evangelisch-reformierten Kirchgemeinde Grossmünster in Zürich.

AH Zwingli / 4 Lernen mit den Zwinglis
©Evangelisch-reformierte Landeskirche des Kantons Zürich

M4.4

Leseprobe aus der ersten Zürcher Bibel (Posten 2)

Aufgabe
Lest einen Ausschnitt aus der ersten Zürcher Bibel. Doch das ist gar nicht so einfach, …
- denn die Buchstaben sahen damals etwas anders aus als heute. Vielleicht hilft euch der Froschauer-Font weiter. Er zeigt, wie die Buchstaben zur Zeit Zwinglis aussahen und wie sie heute aussehen.
- denn die deutsche Sprache hat sich in den letzten 500 Jahren verändert. Manche Wörter verstehen wir heute nicht mehr. Was könnten sie bedeuten? (Falls ihr nicht weiterkommt, achtet auf die Übersetzungshilfen im Kästchen unter dem Froschauer-Font.)

Und nun viele Spass beim Entziffern.

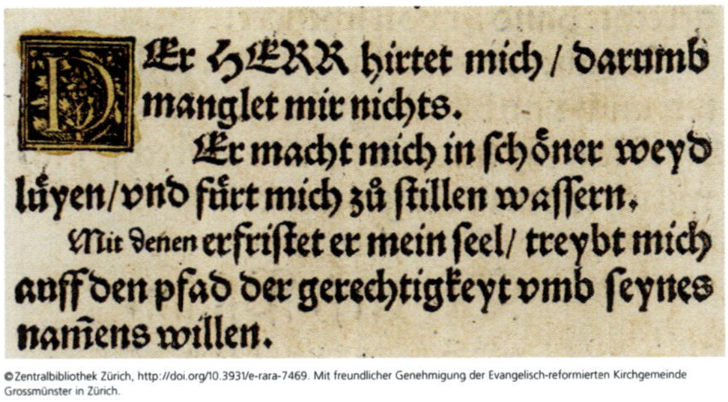
DEr HERR hirtet mich / darumb manglet mir nichts.
Er macht mich in ſchöner weyd lüyen/vnd fürt mich zů ſtillen waſſern.
Mit denen erfriſtet er mein ſeel/ treybt mich auff den pfad der gerechtigkeyt vmb ſeynes namens willen.

©Zentralbibliothek Zürich, http://doi.org/10.3931/e-rara-7469. Mit freundlicher Genehmigung der Evangelisch-reformierten Kirchgemeinde Grossmünster in Zürich.

Schreibt den Text mit heutigen Buchstaben.

Wovon erzählt der Text? Kommt er euch irgendwie bekannt vor? (Wenn nicht, dann lest in einer modernen Bibelübersetzung den Psalm 23.)

AH Zwingli / 4 Lernen mit den Zwinglis
©Evangelisch-reformierte Landeskirche des Kantons Zürich

M 4.4

Der Froschauer-Font: Die Schrift der ersten Zürcher Bibel

Der Zürcher Buchdrucker Christoph Froschauer und seine Mitarbeiter hatten Setzkästen, gefüllt mit den einzelnen Buchstaben des Alphabets. «Bewegliche Lettern» nannte man die kleinen Stäbchen, auf deren Stirnseite die Buchstaben hervorstanden. Mit diesen Buchstaben setzte Froschauer Zeile für Zeile den ganzen Bibeltext, Seite für Seite, alles spiegelverkehrt. Es war eine riesige Arbeit. Dann wurde der gesetzte Text mithilfe einer grossen Druckerpresse gedruckt.

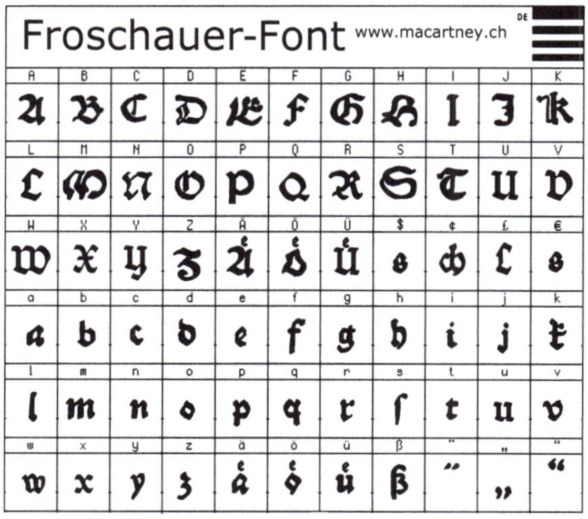

Hier sind die Buchstaben der Schrift, die Froschauer verwendet hat. Sie sind nach dem Alphabet geordnet. Alle Buchstaben zusammen nennt man Froschauer-Font oder Froschauer-Schrift. Über jedem Buchstaben hat der Illustrator in kleiner Schrift den Buchstaben gezeichnet, wie er heute aussieht. ©Evangelisch-reformierte Landeskirche des Kantons Zürich / Alex Macartney

Hilfen für die Übersetzung des Ausschnitts aus der Zürcher Bibel

hirten = (Schafe) weiden
weyd = Weide
erfristet = erfrischt
lueyen = liegen
treybt = führt (von treiben)

M 4.5

Holzschnitte für die erste Zürcher Bibel (1531) (Posten 2)

Für die erste Zürcher Bibel wurden von verschiedenen Künstlern ungefähr 200 Holzschnitte angefertigt und nach dem Druck der Bibel farbig ausgemalt. Die Bilder sollten dazu beitragen, dass die Leute neugierig werden und Lust bekommen, die Bibel zu lesen und besser zu verstehen.

Aufgabe
Hier seht ihr fünf Bilder aus der ersten Zürcher Bibel. Welche Bilder zeigen welche biblische Geschichte? Schlagt die fünf Bibelstellen nach. Ordnet Bibelstellen und Bilder einander zu.

Genesis 11,1–9

Genesis 28,11–15

Genesis 37,28

Exodus 3,1–10

Exodus 14,26–30

Kolorierte Holzschnitte aus der ersten Zürcher Bibel
©Zentralbibliothek Zürich, http://doi.org/10.3931/e-rara-7469.
Mit freundlicher Genehmigung der Evangelisch-reformierten Kirchgemeinde Grossmünster in Zürich.

M 4.6

Löffel oder Gabel? Quiz zu Huldrych Zwingli und zur Zürcher Reformation (Posten 4)

Zwei Stühle stehen mit den Stuhllehnen gegeneinander, auf die sich zwei Spieler/-innen setzen, Rücken an Rücken. Jeder/jede Spieler/-in erhält einen Löffel und eine Gabel. Der/die Spielleiter/-in liest die erste Frage vor. Die Spieler/-innen entscheiden sich für die Antwort Löffel oder die Antwort Gabel und halten das entsprechende Besteck in die Höhe. Für jede richtige Antwort gibt es einen Punkt. Der/die Spielleiter/-in liest die nächste Frage vor etc. Wer am Schluss mehr Punkte hat, erhält einen kleinen Preis.
Hinweis: Die richtigen Antworten sind in **fetter Schrift** gedruckt.

Fragen für das Quiz (evtl. eine Auswahl treffen)

1. Wo wurde Zwingli geboren? **Löffel: In Wildhaus** Gabel: In Zürich	10. Worüber waren Zwingli und die Täufer verschiedener Meinung? **Löffel: Über die Kindertaufe** Gabel: Über das Verehren von Heiligenbildern
2. An welcher Zürcher Stadtkirche wurde Zwingli 1519 Pfarrer? Löffel: Fraumünster **Gabel: Grossmünster**	11. Wie hiess die städtische Armenspeisung, die Zwingli und der Rat der Stadt Zürich einrichteten? **Löffel: Mushafen** Gabel: Tischlein deck dich
3. An welcher Krankheit litt Zwingli, wenige Monate nachdem er nach Zürich kam? Löffel: Masern **Gabel: Pest**	12. Wie hiess der erste Täufer, der in der Limmat ertränkt wurde? Löffel: Konrad Hofmann **Gabel: Felix Manz**
4. Womit begann in Zürich die Reformation? **Löffel: Mit einem Wurstessen** Gabel: Mit einem Gottesdienst	13. Welches Buch wurde von den Gelehrten der Prophezei ins Deutsche übersetzt? Löffel: Der Koran **Gabel: Die Bibel**
5. Wie hiess Zwinglis Frau? Löffel: Katharina von Zimmern **Gabel: Anna Reinhart**	14. In welcher Sprache sollten die Predigten im reformierten Gottesdienst gehalten werden? **Löffel: In Deutsch** Gabel: In Latein
6. Welchen Beruf gab es zur Zeit Zwinglis noch nicht? Löffel: Buchdrucker **Gabel: Postbote**	15. Welche Stadt wird auch «Zwinglistadt» genannt? **Löffel: Zürich** Gabel: Basel
7. Was war vor der Reformation in der Fastenzeit verboten? **Löffel: Eier zu essen** Gabel: Geschäftsverträge abzuschliessen	16. Was reformierten Zwingli und der Rat der Stadt Zürich? **Löffel: Die Armenordnung** Gabel: Die Verkehrsordnung
8. Warum wollte Zwingli die Fastenvorschriften abschaffen? Löffel: Weil die Leute unterernährt waren **Gabel: Weil es keine biblischen Vorschriften sind**	17. Wie starb Zwingli? Löffel: An der Pest **Gabel: In einem Glaubenskrieg**
9. Wie hiess die Schule für Pfarrer, die Zwingli 1525 gründete? **Löffel: Prophezei** Gabel: Universität	18. Wie hiess der Nachfolger Zwinglis? Löffel: Felix Manz **Gabel: Heinrich Bullinger**

M 4.7

In Zwinglis Schreibstube: Finde 10 Fehler! (Posten 5)

Hier siehst du den Zürcher Reformator Huldrych Zwingli in seiner Schreibstube. Er schreibt mit Feder und Tinte. Schreibt er einen Brief an einen Freund? Oder bereitet er sich auf die nächste Predigt im Grossmünster vor? Wir wissen es nicht.

Aufgabe: In das untere Bild haben sich 10 Fehler eingeschlichen. Findest du sie?

Zwingli in seiner Schreibstube ©Zentralbibliothek Zürich, Handschriftenabteilung, Ms. B 316, f. 231v. Bildbearbeitung mit freundlicher Genehmigung.

M4.8

In der Schule. Szene aus dem Animationsfilm *Immer diese Zwinglis!* © Evangelisch-reformierte Landeskirche des Kantons Zürich / Kati Rickenbach / Brunner & Meyer, Zürich

Schule für alle (Posten 7)

Vor der Reformation konnten nur diejenigen Kinder zur Schule gehen, deren Familien das Schulgeld oder einen Hauslehrer bezahlen konnten.
Kinder aus armen Familien mussten schon früh arbeiten. Huldrych Zwingli, der Reformator von Zürich, hat sich dafür eingesetzt, dass die Schule allen Kindern offensteht. Er wollte, dass die ganze Bevölkerung lesen lernt, damit alle selbst in der Bibel lesen und einen eigenen Weg im Glauben finden können.
Die Armenordnung, die der Rat der Stadt Zürich 1525 erliess, legte neu fest, dass die Stadt für begabte Jungen aus armen Familien das Schulgeld bezahlt.

Schule zur Zeit der Zwinglis: Deutsche Schule und Lateinschule

Mit fünf oder sechs Jahren gingen die Jungen und Mädchen in die Deutsche Schule. Dort lernten sie lesen, schreiben und rechnen. Die weiterführende Schule aber, die sogenannte Lateinschule, durften nur die Jungen besuchen. Hier lernten sie alles, um später an der Universität studieren zu können. Die Mädchen aber blieben zu Hause und lernten von ihren Müttern, was sie für das Führen eines Haushalts brauchten. Sie konnten weder einen Beruf erlernen noch studieren.

Und wie ist das heute?
Für uns heute in der Schweiz ist es selbstverständlich, dass alle in die Schule gehen dürfen, ja müssen. Das ist nicht überall auf der Welt so. Schaut euch den Film an. Er erzählt von Kindern, die viel einsetzen, um in die Schule gehen zu können.

- Warum wollen die Kinder unbedingt in die Schule gehen?
- Welche Schwierigkeiten müssen die Kinder überwinden, um die Schule besuchen zu dürfen?

Schreibt eure Beobachtungen auf:

____

____

____

____

____

M4.9

Filmvorschläge zum Thema Bildung für alle (Posten 7)

Hinweis: Beide Filme finden sich auf der Sammel-DVD *Kinder auf dem Weg. 7 Filme zu Bildung, Kinderrechten und Kinderalltag.* Herausgeber: éducation 21, Filme für eine Welt.

Filmvorschlag 1: Ein Tag mit Aïcha

Dokumentarfilm von Mamounata Nikiéma, 13 Minuten. Sprachen: Deutsch, Französisch, Italienisch (teilw. untertitelt). Produktion: ARTE / Les films du tambour de soie / Ardèche images / Pilumpiku Production, Frankreich / Burkina Faso 2011. Ab 10 Jahren (3.–5. Klasse).

Themen: Bildung, Schulsystem, Alltag, Berufswahl, Kinderrechte

Inhalt
Die 9-jährige Aïcha wohnt in einem Aussenquartier von Ouagadougou, der Hauptstadt von Burkina Faso in Westafrika. Sie lebt zusammen mit ihrem Vater, einem Informatiker, ihrer Mutter, einer Sekretärin, und ihrer älteren Schwester Asma in einem einfachen Haus ohne fliessendes Wasser. Jeden Morgen bringt die Mutter Aïcha mit dem Moped zur weit entfernten Schule. Da sie später Ärztin werden möchte, legt sie Wert darauf, eine gute Schülerin zu sein. Sie lernt fleissig für die Prüfungen, die gerade im Gang sind. Nach dem Unterricht müssen die Töchter im Haushalt tatkräftig mithelfen, bevor sie sich an die Hausaufgaben machen. Am Abend schaut Aïcha zusammen mit ihrer Schwester fern und spricht über den vergangenen Tag. Zum Schluss wünscht sie «viel Glück uns allen».

Filmvorschlag 2: Ein Tag mit Moussa

Dokumentarfilm von Maman Siradji Bakabe, 13 Minuten, Sprachen: Deutsch, Französisch, Italienisch (teilw. untertitelt). Produktion: ARTE / Les films du tambour de soie / Ardèche images / Pilumpiku Production, Frankreich / Niger 2011. Ab 10 Jahren (3.–6. Klasse).

Themen: Alltag, Recht auf Bildung, Geschlechterrollen, Berufswahl

Inhalt
Moussa ist 12 Jahre alt und lebt mit seinen drei Brüdern und sechs Schwestern in einem Savannendorf im Osten Nigers, 1000 Kilometer von der Hauptstadt Niamey entfernt. Seine Eltern gehören zum Hirtenvolk der Fulbe und züchten Ziegen und Kühe. Sein Vater ist das Oberhaupt in seiner Region. Wie die meisten Erwachsenen kann er weder lesen noch schreiben und schickt deshalb Moussa zur Schule. Um dorthin zu gelangen, muss Moussa eine halbe Stunde zu Fuss gehen. Er möchte einmal Tierarzt werden. Die Mädchen müssen zu Hause auf die Tiere aufpassen und werden jung verheiratet. Deshalb gibt es in der Schule viel mehr Jungen. Die Lehrerin greift das Thema im Unterricht auf und fordert die Kinder auf, mit ihren Eltern darüber zu sprechen. Am Freitag darf Moussa seinen Vater auf den Markt begleiten, wo dieser ihm viel über das Vieh und das Handeln beibringt. Die Frage der Lehrerin, weshalb die Eltern ihre Mädchen nicht zur Schule schicken, bringt den Vater schliesslich zum Umdenken – Moussa freut sich, dass seine Schwestern nun auch zur Schule gehen dürfen.

M4.10

Rezept für mittelalterliche Rahmfladen

© Dorothea Meyer-Liedholz

Für 6 Rahmfladen (pro Person 1 Fladen)

Zutaten
300 g Weizenmehl
140 g Roggenvollkornmehl
10 g Trockenhefe
3 dl Wasser (lauwarm)
2 TL Salz
180 g Sauerrahm
evtl. 100 g Speckwürfelchen

Zum Belegen: Lauch, Frühlingszwiebeln, Tomaten, Salami, Schinken … (fein geschnitten); evtl. ergänzen mit fein geschnittenen Minipeperoni, Zucchetti … (nicht mittelalterlich, aber lecker)

Zubereitung
1. Die Mehle mischen, Wasser, Salz und Hefe zufügen. Alles zu einem Teig verkneten. Zu einer Kugel formen und mit einem feuchten Tuch abgedeckt ca. 90 Minuten bei Zimmertemperatur gehen lassen.
2. Den Teig erst zu etwa tennisballgrossen Kugeln formen, dann zu dünnen Fladen flachdrücken. Die Fladen mit Sauerrahm (je ca. 1 EL) bestreichen. Evtl. mit Speckwürfelchen belegen.
3. Die Fladen bei 180–200 Grad ca. 25 Min. backen.
4. Nach dem Backen können die Kinder die noch warmen Fladen nach Wahl belegen, z. B. mit Lauch, Frühlingszwiebeln, Tomaten, Salami …
5. Den Fladen dann einfach aus der Hand geniessen.

Hinweis: Die Fladen werden *vor* dem Belegen gebacken. Ein Überbacken mit Käse ist möglich, aber dann ist es kein mittelalterlicher Fladen mehr, sondern eher eine Pizza.

Nach: www.daskochrezept.de/rezepte/mittelalterliche-rahmfladen_255629.html

Beobachtungskarten zu *Immer diese Zwinglis!*

M4.11

Die Screenshots sind aus dem Animationsfilm *Immer diese Zwinglis!*
© Evangelisch-reformierte Landeskirche des Kantons Zürich / Kati Rickenbach / Brunner&Meyer, Zürich

5 Freiheit – ja, aber … (120′)

Baustein für die Konfirmationsarbeit

Markus Beile, Konstanz, und Dorothea Meyer-Liedholz, Therwil

Darum geht es

Der Baustein widmet sich dem Thema Freiheit. Ausgehend von der Lebenswelt der Jugendlichen und ihren Sehnsüchten nach Freiheit dient die Person Huldrych Zwinglis als Beispiel, wie Menschen Freiheit erringen, mit Freiheit umgehen und welche Gefährdungen entstehen können.

Zeit	**Unterrichtsphase** / Aktivität *(Sozialform)*	Material
30′	**Einstieg**	
	Mit einem Musikvideo das Thema Freiheit in den Blick nehmen *(PL)*	Youtube, Blätter DIN A4, Faserschreiber
	Standbilder zur Freiheit stellen und präsentieren *(GA – PL)*	
	Ein Gespräch zum Begriff Freiheit führen *(PL)*	M5.1
60′	**Erarbeitung**	
	Brücke zu Zwingli schlagen und Vorwissen austauschen	G1–2
	Einführung in den Animationsfilm und den Film mit Beobachtungsaufträgen sehen	G3, F *Immer diese Zwinglis!*
	Pause	
	Unterschiede im Verständnis von Freiheit herausarbeiten: Was war Freiheit für Zwingli? Was für die Täufer? *(GA)*	M5.2–3
	Zwinglis Kampf für Freiheit visualisieren (Kurzinput mit Bodenbild) *(LV)*	M5.4, Seile/Tücher, beschriftete Blätter
	Sich austauschen: Wann ist Freiheit in Gefahr? *(PL)*	
30′	**Vertiefung**	
	Pantomimische Szenen zur Gefährdung der eigenen Freiheit entwickeln und präsentieren *(GA – PL)*	
	Erkenntnisse festhalten: Was habe ich für mich gelernt zum Thema Freiheit? *(EA)*	Notizpapier, Stifte, evtl. Handys
	Mögliche Fortführungen	
	• Bibelarbeit zu den Grundlagen von Zwinglis Kampf für Freiheit	M5.5
	• Bibelarbeit zum Frieden: Wie ist Zwinglis Kampf gegen die Täufer zu beurteilen?	M5.6

Anknüpfungspunkte

Das Thema Freiheit, das für Zwingli und die Zürcher Reformation eine zentrale Bedeutung hatte, ist auch für die Jugendlichen wichtig. So lässt sich eine Brücke zur Lebenswelt der Jugendlichen schlagen, wenngleich die Freiheitssehnsüchte der Jugendlichen erst einmal ganz anders geartet sind als diejenigen Zwinglis. In der Unterrichtseinheit sollen die Jugendlichen nicht nur Impulse für ihre Suche nach Freiheit erhalten, sondern auch über den Graben der Geschichte hinweg einen Zugang zum Zürcher Reformator Zwingli finden. Dabei lässt sich der Animationsfilm, der für etwas jüngere Jugendliche gemacht wurde, in hilfreicher Weise nutzen, denn er zeigt am Beispiel Zwinglis, welche Schwierigkeiten und Ambivalenzen der Einsatz für Freiheit mit sich bringt: Zwingli erkämpft sich die Freiheit von den kirchlichen Gesetzen, doch er verwehrt den Täufern ihre Vorstellung von Freiheit. Der Film zeigt auch die Schattenseiten Zwinglis, baut keinen Helden auf. Er kann dazu anleiten, das Thema Freiheit auch in seinen herausfordernden Dimensionen in den Blick zu nehmen.

Ziele

Die Jugendlichen können

- den Wert der Freiheit und ihre Gefährdungen für sich selbst und die Gemeinschaft benennen;
- Zwinglis ambivalenten Umgang mit der Freiheit beschreiben und kritisch würdigen.

Screenshot: Protest gegen das Fasten, aus dem Animationsfilm *Immer diese Zwinglis!*
© Evangelisch-reformierte Landeskirche des Kantons Zürich / Kati Rickenbach / Brunner&Meyer, Zürich

Unterrichtsvorschlag

Einstieg (30')

■ *Mit einem Musikvideo das Thema Freiheit in den Blick nehmen*

Gemeinsam das Musikvideo Freedom von Pharrell Williams anschauen (Youtube-Suche: pharrell williams freedom, 4'14"). Die Jugendlichen notieren im Anschluss, wo sich in den Szenen des Musikvideos Freiheit zeigt. Das Video nochmals anschauen und die Freiheitsszenen kommentieren.

■ *Standbilder zur Freiheit stellen und im Plenum präsentieren*

Die Leitung erklärt die Methode Standbild und stellt dann die Aufgabe: Freiheit, das ist ein Thema, das euch nicht fremd ist. In welchen Zusammenhängen ist euch Freiheit wichtig? Wozu wollt ihr frei sein? Versucht, dies in einem Standbild darzustellen.
Die Jugendlichen bilden kleine Gruppen. Sie überlegen sich eine Szene der Freiheit und setzen sie als Standbild um. Die Gruppen zeigen ihr Standbild im Plenum, die anderen äussern Vermutungen, worum es jeweils geht. Die Leitung schreibt fortlaufend die dargestellten Themen und Fragestellungen auf DIN-A4-Blätter und legt sie rund um ein Blatt mit der Aufschrift «Freiheit».

■ *Ein Gespräch zum Begriff Freiheit führen*

Im Gespräch den Begriff Freiheit ausloten, Gesprächsimpulse: Was verstehe ich unter Freiheit? Was will ich mit meiner Freiheit machen? Wo sind die Grenzen meiner Freiheit bzw. der Freiheit der anderen? Was ist der Preis der Freiheit? (zur Orientierung siehe M5.1)

Erarbeitung (60')

■ *Brücke zu Zwingli schlagen und Vorwissen austauschen*

Impuls von der Leitung: Wir werden jetzt einen 10-minütigen Animationsfilm sehen, in dem wir eine Person kennenlernen, für die das Thema Freiheit ebenfalls sehr wichtig war: Huldrych Zwingli. Wo ist euch Zwingli schon einmal begegnet? Kurzer Austausch des Vorwissens der Jugendlichen zu Zwingli.

■ *Einführung in den Animationsfilm und den Film mit Beobachtungsaufträgen sehen*

Die Leitung gibt einige Informationen zum Film (zur Orientierung siehe G3) und erteilt den Jugendlichen Beobachtungsaufgaben: Wo kommt im Film das Thema Freiheit vor? Für welche Filmfiguren ist Freiheit wichtig? Wie kämpfen sie für Freiheit?
Gemeinsam den Film (F) sehen. Evtl. Verständnisfragen klären.

Pause

■ *Unterschiede im Verständnis von Freiheit herausarbeiten: Was war Freiheit für Zwingli? Was für die Täufer?*

Die Gruppen vom Einstieg wählen die Perspektive Zwinglis oder der Täufer und notieren anhand von Screenshots aus dem Film (M5.2 oder M5.3) ihre Gedanken zum jeweiligen Freiheitsverständnis. Die Gruppen stellen die Sichtweisen Zwinglis und der Täufer vor. Kurzer Austausch: Wie unterscheiden sich Zwingli und die Täufer im Hinblick auf Freiheit? Warum bekämpften Zwingli und der Rat der Stadt die Täufer?

■ *Zwinglis Kampf für Freiheit visualisieren (Kurzinput mit Bodenbild)*
Die Leitung führt anhand von M5.4 und M5.1 in Zwinglis Freiheitsverständnis ein, das in der Bibel verankert ist. Zwingli kämpfte gegen die kirchlichen Vorschriften, z. B. für die Freiheit beim Fasten. Doch als die Täufer ihre Freiheit einforderten und sich entgegen den in Zürich geltenden Vorschriften, aber gemäss ihrer Auslegung der Bibel weigerten, ihre Kinder taufen zu lassen (siehe auch G2 und Baustein 3 / M3.3), bekam Zwingli Angst, dass die Sicherheit der Stadt in Gefahr sei. Im Verlauf des Inputs entsteht ein Bodenbild mit drei Bereichen: Freiheit (in der Mitte) – Kampf gegen Abhängigkeiten (links vom Bereich «Freiheit») – Angst vor Gefährdung der Ordnung (rechts vom Bereich «Freiheit»).

■ *Sich austauschen: Wann ist Freiheit in Gefahr?*
Fragen für den Austausch: Warum kämpfte Zwingli gegen die Fastenvorschriften? Wie beurteilt ihr Zwinglis Umgang mit den Täufern? Bedeutete das, was die Täufer wollten, wirklich eine Gefährdung der Ordnung? Wie hätte Zwingli die Situation besser lösen können? Welchen Rat hättet ihr Zwingli gegeben?

Vertiefung (30')

■ *Pantomimische Szenen zur Gefährdung der eigenen Freiheit entwickeln und präsentieren*
Gesprächsimpulse: Wie ist das bei uns? Was gefährdet unsere Freiheit? – Dieselben kleinen Gruppen bekommen die Blätter mit den notierten Themen der Jugendlichen ausgeteilt (siehe Einstieg), sie erhalten jeweils ein Thema einer anderen Gruppe. Dann bereiten die Jugendlichen in den Gruppen eine pantomimische Szene vor, die die Gefährdung ihrer Freiheit zeigt. (Hinweis: Bei einer eher unruhigen Konf-Gruppe empfiehlt es sich, eine weniger dynamische Methode zu verwenden: z. B. die Gefährdung der Freiheit mit Worten beschreiben oder in einer Skizze darstellen.)
Die Szenen werden im Plenum vorgespielt und diskutiert: Worin besteht die Abhängigkeit? Was bedeutet Freiheit in diesem Zusammenhang? Welche Gefahr droht durch zu viel Freiheit?

■ *Erkenntnisse festhalten: Was habe ich für mich gelernt zum Thema Freiheit?*
Die Jugendlichen schreiben für sich auf, was sie zum Thema Freiheit gelernt haben, evtl. als SMS (maximal 160 Zeichen) oder Tweet (maximal 140 Zeichen) an die beste Freundin / den besten Freund. Sie tauschen sich zu zweit aus, evtl. schicken sie einander eine Nachricht.

Mögliche Fortführungen

- Die Bibel – ein Buch der Freiheit. Kurzinput und Austausch zum Thema Die Bibel als Grundlage für Zwinglis Freiheitskampf (M5.5).
- Für Zwingli war die Bibel der Massstab seines Handelns. Bibelarbeit mit zentralen Texten zum Thema Frieden (M5.6). Wie ist Zwinglis Kampf gegen die Täufer zu beurteilen? (siehe auch Baustein 3)

In den Zürcher Unterrichtshilfen
Wir leben in Beziehungen (AH Konf)

- 1.1.5 Jung, wild und frei?
- 2.3.3 Zehn Gebote der Freiheit
- 2.3.4 Freiheitsentzug: Strafe oder Chance?
- 4.4.2 Wie schmeckt Freiheit?
- 6.2.6 Jesus, der gewaltlose Rebell

FaithBook. Inspirationen zum Glauben

- S. 8f: Die verlorene Tochter
- S. 74f: Foto und Bibelzitat Jesaja 11,6–9
- S. 76: Illustrationen und Bibelzitate zum Umgang mit Unrecht
- S. 77: Der dritte Weg

Literatur/Medien/Links

- Peter Opitz. *Ulrich Zwingli. Prophet, Ketzer, Pionier des Protestantismus.* Theologischer Verlag Zürich, Zürich ²2017.
- Art. Ulrich Zwingli. In: Theologische Realenzyklopädie (TRE). Bd. 36. De Gruyter, Berlin/New York 2004. S. 793–809 (Volker Leppin).

M5.1

Was ist Freiheit?

Zum Begriff Freiheit
«Freiheit ist mehr noch als Gleichheit und Brüderlichkeit ein Schlüsselwort der Neuzeit, aber auch ‹der christliche Glaube versteht sich authentisch als Anfang einer Freiheit, wie sie die Welt noch nicht gesehen hat› [Jürgen Moltmann].» (Volker Drehsen u. a. [Hrsg.]. *Wörterbuch des Christentums*. Orbis Verlag, München 1995. S. 365)
Was ist unter Freiheit näherhin zu verstehen? Allgemein wird Freiheit als die Möglichkeit verstanden, ohne Zwang zwischen unterschiedlichen Möglichkeiten auswählen und entscheiden zu können. Der Begriff benennt in Philosophie, Theologie und Recht der Moderne allgemein einen Zustand der Selbstbestimmung eines Subjekts. Dieses Verständnis von Freiheit geht unter anderem auf Immanuel Kant zurück. Für ihn ist Freiheit «Autonomie, d. h. Freiheit ist der Charakter der Vernunft, sofern diese sich das Gesetz ihres Handelns selbst vorschreibt» (Erwin Fahlbusch u. a. [Hrsg.]. *Evangelisches Kirchenlexikon*. Bd. 1. Vandenhoeck & Ruprecht, Göttingen [3]1986. Sp. 1351). Dabei ergibt sich ein Spannungsverhältnis zwischen Freiheit einerseits und Sicherheit bzw. öffentlicher Ordnung andererseits. Denn der Mensch lebt nicht isoliert, sondern ist «auf andere Menschen angewiesen und wird durch deren miteinander konkurrierende und konfligierende Autonomieansprüche begrenzt. Unbegrenzte natürliche Freiheit liefe auf die Macht der Stärkeren hinaus. Das Zusammenleben der Menschen erfordert daher äusseres, heteronomes Recht zur Begrenzung und Sicherung der Freiheit» (RGG[4], Bd. 3. Sp. 321).

Das Verständnis von Freiheit bei Huldrych Zwingli
Zwinglis Verständnis von Freiheit erklärt sich von seiner reformatorischen Grundanschauung her. Im Kampf gegen Heiligenverehrung und Ablasshandel in der Eidgenossenschaft orientiert sich Zwingli – analog zu Luther – am reformatorischen «sola scriptura» (allein die Schrift) und in dieser im «entschiedenen und exklusiven Hören auf Christus allein, einem Hören, das sich von kirchlich-religiöser Überformung und von Bevormundung durch die theologische Tradition frei zu machen sucht» (Opitz, *Ulrich Zwingli*, S. 19). In der Auseinandersetzung um den Fastenbruch («Wurstessen») konkretisiert Zwingli seine Anschauung hinsichtlich der Freiheitsdimension des christlichen Glaubens in der Schrift *Von der freien Wahl der Speisen*: «Allein Christus hat dem Menschen das Heil erworben, und so befreit der vertrauende Glaube an Gottes Wort von aller religiösen Werkgerechtigkeit. […] Christen haben die Freiheit zu fasten oder nicht zu fasten – beides kann Gottesdienst sein. Keines davon ist heilsnotwendig, und keine menschliche Instanz, auch keine kirchliche, hat das Recht, dem freien Christenmenschen Fasten- oder andere religiöse Vorschriften zu machen.» (Opitz, a. a. O., S. 26). In der Auseinandersetzung mit den Täufern argumentiert Zwingli hingegen gesellschaftlich-kirchenpolitisch. Er sieht in der Praxis der Erwachsenentaufe die Gefahr eines gesellschaftlichen Aufruhrs und ist besorgt, dass die Anerkennung der christlichen Obrigkeit als Autorität gefährdet ist (vgl. Opitz, a. a. O., S. 45).
Es lassen sich bei Zwingli in seinem Freiheitsverständnis unterschiedliche Begründungen feststellen, wobei die theologische und die gesellschaftlich-kirchenpolitische Begründung in einem gewissen Spannungsverhältnis zueinander stehen.

M5.2

Was ist Freiheit für Zwingli?

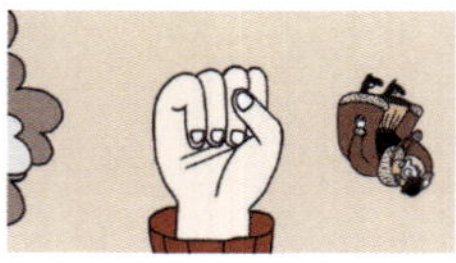

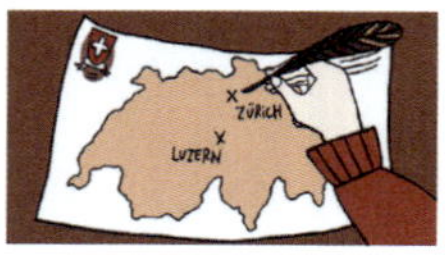

Die Screenshots sind aus dem Animationsfilm *Immer diese Zwinglis!*.

M5.3

Was ist Freiheit für die Täufer?

Die Screenshots sind aus dem Animationsfilm *Immer diese Zwinglis!*.

M5.4

Zwingli kämpft gegen Abhängigkeiten und sorgt sich um die Ordnung: Anregungen für einen Kurzinput mit Bodenbild

L: Freiheit war eines der grossen Lebensthemen Zwinglis. Für Freiheit hat Zwingli gekämpft.

L legt mit Tüchern oder Seilen einen abgegrenzten Bereich und legt ein Blatt mit der Aufschrift «Freiheit» hinein.

L: Freiheit hatte für den Zürcher Reformator viel mit seinem Glauben zu tun. Ein Satz aus der Bibel war ihm wichtig: «Zur Freiheit hat uns Christus befreit! Steht also fest und lasst euch nicht wieder in das Joch der Knechtschaft einspannen.» (Galater 5,1).

L legt mit Tüchern oder Seilen einen zweiten abgegrenzten Bereich links vom Bereich «Freiheit» und legt ein Blatt mit der Aufschrift «Kampf gegen Abhängigkeiten» hinein.

L: Zwingli setzte sich für die Freiheit ein. Freiheit hiess für Zwingli: Widerstand leisten gegen Vorschriften der Kirche, die keine Grundlage in der Bibel haben. So konnte Zwingli zusammen mit dem Rat der Stadt Zürich reformieren.

L legt mit Tüchern oder Seilen einen dritten Bereich rechts vom Bereich «Freiheit» und legt ein Blatt mit der Aufschrift «Angst vor Gefährdung der Ordnung» dazu.

L: Doch dann wollten die Täufer mehr Freiheiten, denn sie wollten ihren Glauben genau so gestalten, wie es die ersten Christinnen und Christen gemacht hatten. Sie wollten keinen Militärdienst leisten und keinen Eid schwören. Die Kindertaufe lehnten sie ab, denn die Taufe war für sie ein bewusster Bekenntnisakt der Zugehörigkeit zur wahren Kirche. Da bekam Zwingli es mit der Angst zu tun. Er dachte: Die Reformation ist in Gefahr! Zu viel Freiheit kann zu einem heillosen Durcheinander führen. Zu viel Freiheit gefährdet die Ordnung.

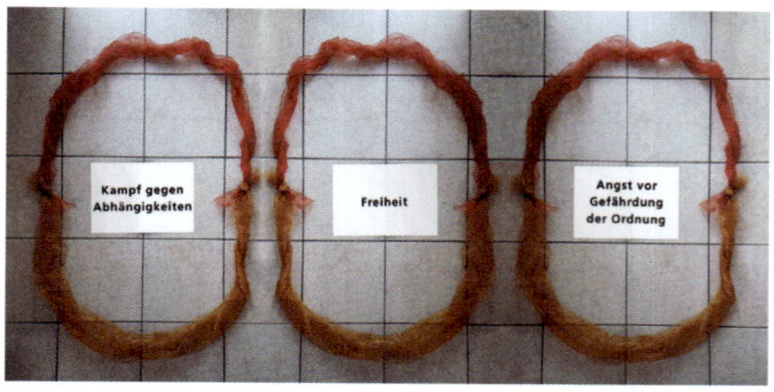

M5.5

Die Bibel – ein Buch der Freiheit
Vorschlag für eine ergänzende bzw. vertiefende Sequenz

1. Anknüpfen an bisher Erarbeitetes
Freiheit war das grosse Anliegen Zwinglis. Dafür hat er gekämpft. Zwingli hat seine Meinung zum Thema Freiheit aus der intensiven Beschäftigung mit der Bibel gewonnen.
Wie kommt dort das Thema Freiheit vor?

2. Kurzinput
Die Leitung gibt einen kurzen Input zum Thema Bibel und Freiheit (siehe unten).

3. Erarbeitung
Die Jugendlichen erhalten eine Kopie des Kurzinputs und überlegen in kleinen Gruppen, was das biblische Verständnis von Freiheit in ihrem konkreten Alltag bedeuten könnte. Als Anregung kann die Leitung auf die Situation der Jugendlichen abgestimmte Themenbereiche einbringen, z. B. Schule, Peergroup/Clique, Konf-Gruppe. Die kleinen Gruppen stellen ihre Vorschläge im Plenum vor, anschliessend Diskussion darüber.

Kurzinput: Bibel und Freiheit

Befreit aus der Sklaverei
Im Alten Testament spielen Befreiungserfahrungen eine wichtige Rolle. Die Befreiung des Volks Israel aus der Sklaverei in Ägypten ist eine der zentralen Geschichten des Alten Testaments. Gott wird als rettender, befreiender Gott verstanden, dessen Nähe das Volk Israel immer aufs Neue erfahren kann.

Botschaft und Wirken Jesu
Die Schriften des Neuen Testaments knüpfen an die alttestamentlichen Befreiungserfahrungen an und verbinden sie mit der Verkündigung und dem Wirken von Jesus von Nazaret.
Hier zwei Beispiele:
- Jesus ass mit Zöllnern und Sündern, also mit Menschen, deren Gesellschaft man mied und die ausgegrenzt wurden (z. B. Markus 2,13–17). Jesus aber kümmerte sich nicht darum. Er wollte diese Menschen nicht auf ihre Vergangenheit festlegen. Die Begegnung mit Jesus gab ihnen die Chance, neu anzufangen.
- Der Sabbat ist der wöchentliche Feiertag der Juden. Viele Vorschriften und Gesetze regeln, was man an diesem Tag tun darf und was nicht. Jesus aber formulierte den Grundsatz: «Der Sabbat ist um des Menschen willen geschaffen, nicht der Mensch um des Sabbats willen.» (Markus 2,27). Hier wird klar: Jesus geht es nicht um das penible Einhalten einer Vorschrift um ihrer selbst willen. Der Mensch ist wichtiger als die einzelnen Sabbatgesetze.

Christusbotschaft bei Paulus
Paulus, der grosse Verbreiter der christlichen Botschaft, schrieb an die Gemeinde in Galatien: «Zur Freiheit hat uns Christus befreit! Steht also fest und lasst euch nicht wieder in das Joch der Knechtschaft einspannen.» (Galater 5,1) Paulus schrieb diese Sätze, weil einige christliche Gemeinden in Galatien überlegten, religiöse Vorschriften, die man schon abgelegt hatte, wieder einzuführen. Paulus aber war dagegen. Er wollte nicht, dass die errungene Freiheit wieder aufgegeben wird. Doch Paulus war nicht für grenzenlose Freiheit. Er war der Meinung, dass der Einzelne Freiheit nicht für sich allein haben kann: «Denn zur Freiheit seid ihr berufen worden, liebe Brüder und Schwestern. Auf eins jedoch gebt acht: dass die Freiheit nicht zu einem Vorwand für die Selbstsucht werde, sondern dient einander in der Liebe!» (Galater 5,13) Freiheit heisst für Paulus nicht, dass jeder tun und lassen kann, was er will. Freiheit von religiösen Zwängen soll dazu führen, dass Christinnen und Christen füreinander da sind und sich für Liebe und Gerechtigkeit einsetzen, damit auch andere Freiheit erfahren können.

M5.6

Zwinglis Kampf gegen die Täufer – biblische Perspektiven
Vorschlag für eine ergänzende oder vertiefende Sequenz

1. Anknüpfen an bisher Erarbeitetes
Zwinglis Verhalten in der Auseinandersetzung mit den Täufern wird von den Jugendlichen nochmals zusammenfassend skizziert.

2. Überleitung
L: Für Zwingli bildet die Bibel den zentralen Massstab seines Handelns.
Wird Zwingli seinem eigenen Anspruch dabei gerecht? Darum soll es nun gehen.

3. Erarbeitung
Zentrale biblische Texte zum Thema Frieden werden ausgegeben (siehe unten). In kleinen Gruppen werden die Texte diskutiert.
Wie sollen Menschen handeln? Wie können sie so handeln, dass sie zum Frieden beitragen? Die Jugendlichen formulieren zwei bis drei eigene Sätze dazu und schreiben diese auf ein Blatt.
Anschliessend Auswertung der Sätze im Plenum:
Gibt es Überraschungen oder Neues?
In Zweierteams überlegen die Jugendlichen: Wie hätte sich Zwingli verhalten sollten, wenn er sich an den besprochenen biblischen Texten orientiert hätte?
Abschliessend Vorstellung der Ergebnisse im Plenum.

Hinweis
Es gibt in der Bibel auch Texte, die zu Gewalt aufrufen.
Sie haben jedoch einen spezifischen Hintergrund und repräsentieren nicht die biblische Grundtendenz, die sich in den ausgewählten Texten widerspiegelt.

Bibelstellen zum Thema Frieden

Hüte deine Zunge vor Bösem und deine Lippen vor trügerischer Rede.
Meide das Böse und tue das Gute, suche Frieden und jage ihm nach. (Psalm 34,14f)

Selig die Gewaltlosen – sie werden das Land erben. (Matthäus 5,5)

Selig, die Frieden stiften – sie werden Söhne und Töchter Gottes genannt werden. (Matthäus 5,9)

Frieden lasse ich euch zurück, meinen Frieden gebe ich euch.
Nicht einen Frieden, wie die Welt gibt, gebe ich euch.
Euer Herz erschrecke nicht und verzage nicht! (Johannes 14,27)

Ertragt einander in Liebe, bemüht euch, die Einheit des Geistes zu wahren
durch das Band des Friedens! (Epheserbrief 4,2f)

Die Weisheit aber, die von oben kommt, ist zuerst einmal lauter,
dann aber auch friedfertig, freundlich, wohlwollend,
voller Barmherzigkeit und voll guter Früchte, unparteiisch,
fern jeder Verstellung.
Die Frucht der Gerechtigkeit aber wird in Frieden gesät –
für alle, die Frieden stiften. (Jakobus 3,17f)

6 Wir schaffen Platz für Gottes Wort (60’)

Familiengottesdienst mit anschliessendem Mittagessen oder Apéro und ergänzende Ideen für die Gestaltung während und nach dem Essen

Jessica Stürmer Terdenge, Dinhard, und Oliver Wupper-Schweers, Zürich

Darum geht es

Der Gottesdienst nimmt eine Sequenz des Animationsfilms auf, die zeigt, dass Zwingli mit der leergeräumten Kirche dem Wort Gottes wieder Raum geben will. Das Bild der leeren Kirche wird im Gottesdienst auf die innere Haltung der Teilnehmenden übertragen, die sich, vom «Alltagsgerümpel» befreit, innerlich von Gottes Wort neu erfüllen, beschenken und erfreuen lassen.

Zeit	Ablauf des Gottesdiensts	Material
15′	**Sammlung**	
	Eingangsspiel	M6.1
	Gruss- und Eingangswort, Begrüssung, Eingangslied	Liederbücher
	Kirche entrümpeln	M6.2/B6.1a–l
	Ausschnitt des Animationsfilms sehen	B6.2
	Kanon *Ausgang und Eingang*	RG 345
5′	**Anbetung**	
	Gebet, Loblied	M6.1, Liederbücher
20′	**Verkündigung**	
	Schriftlesung, Lied	Liederbücher
	Dialog mit Zwingli-Puppe: Gespräch mit Huldrych Zwingli	M6.3, Zwingli-Puppe
	Murmelgruppen: Womit lassen wir unsere Hände und Herzen füllen?	
	Zwischenspiel, Lied *Hände, die schenken*	rise up plus 019
10′	**Fürbitte**	
	Abkündigungen, Fürbitten, Unservater	M6.1, Schreibkarten, Stifte
10′	**Sendung**	
	Mitteilungen, Sendung, Schlusslied, Segen	RG 345/Liederbücher, evtl. Bhaltis
60′–120′	**Ideen zur Gestaltung nach dem Gottesdienst** (während und nach dem Essen)	
	• Spielen wie zu Zwinglis Zeiten und kreativ werden	M6.4
	• Schmöker-Ecke – Lesetipps	M6.5
	• Den ganzen Animationsfilm sehen	F *Immer diese Zwinglis!*

Anknüpfungspunkte

Vermutlich sind nur wenige Gottesdienstbesuchende mit der Person Zwinglis und seinen Kernbotschaften vertraut. Deshalb wird nur ein Aspekt aus dem Animationsfilm *Immer diese Zwinglis!* herausgegriffen, der an die Ausstattung des reformierten Kirchenraums anknüpft. Kinder kommen mit verschiedenen Kirchengebäuden in Kontakt, sei es am Wohnort, über den kirchlichen oder schulischen Religionsunterricht oder in den Ferien zusammen mit der Familie beim Besuch grosser, touristisch bedeutsamer Kirchen. Dabei fällt oftmals die üppige Ausstattung der Kirchen auf, vor allem in südlichen Ländern, und diese steht im Kontrast zur Schlichtheit des reformierten Kirchengebäudes am Wohnort. Das kann bei Kindern zur Frage führen: Warum hat es in unserer Kirche keine Bilder? Vielen wird die eigentliche Absicht Zwinglis, Platz für Gottes Wort zu schaffen, nicht bekannt sein.

Bei der symbolischen «Entrümpelung» des Kirchenraums von Alltagsgegenständen und -aktivitäten können die Mitfeiernden anknüpfen und überlegen, was bei ihnen den Raum und die Zeit für Gottes Wort verstellt und wie sie in ihrem Alltag Platz schaffen können für Gott.

Intentionen

Die Gottesdienstbesuchenden

- verstehen Zwinglis Grundanliegen der Konzentration auf das Wort Gottes;
- schaffen äusserlich und innerlich Platz für Gottes Wort;
- verstehen das Symbol der geöffneten Hände als Bitte, sich von Gottes Wort beschenken zu lassen.

Screenshot: Endlich Platz für das Wort Gottes!, aus dem Animationsfilm *Immer diese Zwinglis!*

Vorschlag für einen Familiengottesdienst

Vor Beginn des Gottesdiensts

Um den Abendmahlstisch oder Taufstein herum stehen viele Plakate mit Bildern von Alltagsgegenständen (Variante: Alltagsgegenstände aufstellen), der Raum soll einen «zugerümpelten» Eindruck erwecken.
Hinweis: Texte und Gebete für die Liturgie des Familiengottesdiensts finden sich auf M6.2.

Sammlung (15')

■ *Eingangsspiel – Gruss- und Eingangswort, Begrüssung, Eingangslied – Kirche entrümpeln – Ausschnitt des Animationsfilms sehen –*
Kanon Ausgang und Eingang

Nach Eingangsspiel, Eingangswort, Begrüssung und Eingangslied (M6.1) werden die Gottesdienstbesuchenden gebeten, erst einmal Platz zu schaffen für Gottes Wort, indem einige die Plakate (M6.2/B6.1a–l; Variante: Alltagsgegenstände), die im vorderen Teil der Kirche (z. B. im Chorraum) für alle sichtbar aufgestellt sind, wegräumen.

Nach einer kurzen Hinführung zum Film *Immer diese Zwinglis!* (zur Orientierung siehe G3) wird ein Filmausschnitt (B6.2, 2'40") gezeigt. Er beginnt mit einem Gottesdienst im Grossmünster sieben Jahre nach Zwinglis Tod, den die drei Zwingli-Kinder besuchen. Doch sie fliegen wegen Ruhestörung aus dem Grossmünster und treffen vor der Kirche auf einen Mitstreiter Zwinglis, der ihnen von Ideen und Neuerungen erzählt, die ihr Vater Huldrych Zwingli in Zürich umgesetzt hat, u. a. die Umgestaltung (Entrümpelung) des Kirchenraums, um Platz zu schaffen für das Wort Gottes. Zwingli liess damals alle Sakralgegenstände (Bilder, Altäre, Heiligenbilder) aus dem Grossmünster entfernen.
Den Kanon *Ausgang und Eingang* singen (RG 345). Der Text («Ausgang und Eingang, Anfang und Ende liegen bei dir, Herr, füll du uns die Hände») führt die Gottesdienstbesuchenden zum Bild der geöffneten Hände. (Wenn der Kanon nicht bekannt ist, zunächst einstimmig singen und am Schluss des Gottesdiensts mehrstimmig).

Bewegungsvorschlag zum Kanon *Ausgang und Eingang*

Handrücken vor der Brust aneinanderlegen, so dass die Fingerspitzen zur Brust zeigen. Beim Wort «Ausgang» die Hände von der Mitte weg in einer ausholenden Geste vom Körper wegführen, so dass die Arme nach aussen geöffnet sind. Beim Wort «Eingang» die umgekehrte Bewegung machen. Beim Wort «Anfang» die linke Hand von der Mitte nach links führen, so dass die Handfläche nach oben zeigt. Beim Wort «und» die umgekehrte Bewegung machen, dann beim Wort «Ende» die gleiche Bewegung mit der rechten Hand vollziehen und zurück. Bei den Worten «liegen bei dir, Herr» die Hände nach oben über dem Kopf öffnen, bei den Worten «füll du uns die Hände» die geöffneten Hände vor den Körper halten.

Anbetung (5′)

■ *Gebet, Loblied*

Die Schlussgeste des Kanons (geöffnete Hände, siehe Bewegungsvorschlag) mit einem Gebet von Andrea Schwarz (M6.1) aufnehmen und weiterführen. Dann ein Loblied singen, z. B. *Da wohnt ein Sehnen tief in uns* (rise up plus 077).

Verkündigung (20′)

■ *Schriftlesung, Lied – Dialog mit Zwingli-Puppe – Murmelgruppen – Zwischenspiel, Lied*

Nach Schriftlesung (z. B. Mt 4,4) und Lied (z. B. *Gottes Wort ist wie Licht in der Nacht*, rise up plus 072) mit einem Dialog (M6.3) mit einer Zwingli-Puppe (Variante: Schauspieler Zwingli) an den Filmausschnitt anknüpfen. Austausch in Murmelgruppen zur Frage «Womit lassen wir unsere Hände und Herzen füllen?». Evtl. einige Gruppen bitten, einen Gedanken im Plenum zu teilen. Die leitende Person fasst dann die wichtigen Gedanken kurz zusammen.

Musikalisches Zwischenspiel und Lied *Hände, die schenken* (rise up plus 019).

Fürbitte (10′)

■ *Abkündigungen, Fürbitten, Unservater*

Die Gemeinde schreibt Fürbitten auf Schreibkarten und legt sie um die Bibel auf dem abgedeckten Taufstein oder auf den Abendmahlstisch. Bei einer grossen Gemeinde formulieren die Murmelgruppen je eine Fürbitte. Die Gemeinde stellt sich, soweit möglich, um die Bitten herum. Einzelne Bitten werden vorgelesen. Die Fürbitte mit dem Unservater abschliessen.

Sendung (10′)

■ *Mitteilungen, Sendung, Schlusslied, Segen*

Nach Mitteilungen und Sendungswort nochmals das Lied *Ausgang und Eingang* (RG 345) singen, nun im Kanon. Mit der Bitte um den Segen den Gottesdienst abschliessen.

Evtl. als Bhaltis eine 3D-Postkarte («Wackelbild mit 3D-Effekt») abgeben, die eine Veränderung zeigt, die Zwingli angestossen hat: Statt Altäre nun Platz für Gottes Wort. (Bezug siehe *Literatur/Medien/Links*)

Ergänzenden Ideen für die Gestaltung der Zeit nach dem Gottesdienst bzw. während und nach dem Essen (60′–120′)

Nach dem Familiengottesdienst und während des Essens/Apéros an Posten verschiedene Spiele, Bastelarbeiten, kreative Elemente und eine Schmöker-Ecke anbieten (siehe M6.4–5) oder den ganzen Film zeigen (Begleit-DVD/F).

In den Zürcher Unterrichtshilfen

Wir gehören zusammen (AH2)

- Themenfeld 2 Die Kirche – ein besonderes Haus

Wir entdecken die Bibel (AH4)

- Themenfeld 1 Forschungsprojekt Bibel (mit Postenarbeit)

Wir glauben in Vielfalt (AH JuKi)

- Themenfeld 3 Die Zürcher Reformation

Literatur/Medien/Links

- Baustein 3.2 Meet & Eat mit den Zwinglis. In: Dorothea Meyer-Liedholz / Jessica Stürmer Terdenge. *Eltern und Familien in der Kirche. Handbuch mit Begleit-DVD.* Theologischer Verlag Zürich, Zürich 2017. S. 106–115. (mit Ideen zur Gestaltung eines Familienanlasses zum Thema Zürcher Reformation)
- *Wege zum Kind* 1/2017: Reformation. (Fachzeitschrift für den Bereich «Kind und Kirche», hrsg. vom KiK-Verband, Berg am Irchel)
- Peter Opitz. *Ulrich Zwingli. Prophet, Ketzer, Pionier des Protestantismus.* Theologischer Verlag Zürich, Zürich ²2017.
- 3D-Postkarte im Format DIN A6 mit zwei Bildmotiven aus *Immer diese Zwinglis!* zu beziehen über die Evangelisch-reformierte Landeskirche des Kantons Zürich, Abteilung Kirchenentwicklung, Blaufahnenstrasse 10, Postfach, 8024 Zürich, E-Mail: kirchenentwicklung@zh.ref.ch, Tel. 044 258 92 00.

Bonus-Material (Begleit-DVD)

- B6.1a–l Zwölf Bilder von Alltagsgegenständen (siehe M6.2)
- B6.2 Filmausschnitt zum Thema «Platz für Gottes Wort» aus *Immer diese Zwinglis!* (2′40″)
- B6.3 Druckvorlage aus dem Animationsfilm *Immer diese Zwinglis!* zum Herstellen von Buttons in den Standardgrössen 38 mm und 57 mm (siehe M6.4)
- B6.4a–b Zwei Druckvorlagen mit den Konterfeis von Anna Reinhart (B6.4a) und Huldrych Zwingli (B6.4b) (ohne Gesichtsfelder) für Ausdruck DIN A3

M6.1

Texte und Gebete für die Liturgie des Familiengottesdiensts *Wir schaffen Platz für Gottes Wort*

Hinweise: L bezeichnet die Leiterin / den Leiter des Gottesdiensts. Elemente der Liturgie können von Personen aus dem Vorbereitungsteam übernommen werden.

Sammlung

Eingangsspiel

Grusswort
Im Namen des Schöpfers, der uns Leben gibt und erhält,
im Namen von Jesus Christus, der Licht in unser Leben bringt,
im Namen des Heiligen Geistes, der uns Freude schenkt,
sind wir heute zum Gottesdienst zusammengekommen.

Eingangswort
Gott behütet deinen Ausgang und Eingang, jetzt und immerdar. (Ps 121,8)
oder:
Gottes Wort bleibt in Ewigkeit. Dies ist das Wort, das euch als frohe Botschaft verkündigt worden ist. (1Petr 1,25)

Begrüssung

Vorschläge für Eingangslieder
Wir sind hier zusammen (rise up plus 053)
Wo zwei oder drei (Kolibri 182)

Kirche entrümpeln
L: Bevor wir richtig Gottesdienst feiern können, müssen wir erst einmal Platz schaffen – hier in der Kirche und in uns –, den Alltag wegstellen. Wer hilft, hier vorne die Alltagsgegenstände, die uns die ganze Woche über auf Trab halten, wegzustellen? *(Gottesdienstbesuchende räumen die Plakate mit Alltagsgegenständen zur Seite.)* Wir schaffen Platz für Gottes Wort. Das hat schon der Zürcher Reformator Huldrych Zwingli vor 500 Jahren gemacht. Dazu sehen wir einen kurzen Ausschnitt aus dem Animationsfilm *Immer diese Zwinglis!*.

Ausschnitt des Animationsfilms sehen
Ausschnitt B6.2
L: So, wie wir im Film gesehen haben, ging es Zwingli um das Wort Gottes, um die Bibel. Dafür hat er die Bibel ins Deutsche übersetzt, damit alle das Wort Gottes lesen können. Und er hat die Kirchen leerräumen lassen, damit uns nichts ablenkt vom Wort Gottes. Deshalb haben wir zu Beginn des Gottesdiensts auch Platz geschaffen.
Was heisst das für uns? Wir haben vorhin die Alltagsgegenstände weggeräumt. Reicht das schon? Wir versuchen, heute im Gottesdienst zur Ruhe zu kommen und auch in uns Platz zu schaffen für Gottes Wort.
Mit dem folgenden Kanon machen wir uns bereit für Gottes Wort.

Kanon *Ausgang und Eingang* (RG 345) mit Bewegungen singen
L: Wir bleiben stehen mit geöffneten Händen, damit drücken wir aus: Wir sind offen für Gottes Wort. Wie eine offene Schale sind wir Menschen …

Vorschläge für andere Lieder zum Symbol Hand
Put your hand in the hand (rise up plus 183)
Herr, in deine Hände (rise up plus 190)

Anbetung

L: Wir stehen offen vor Gott mit geöffneten Händen.

Gebet
Gott,
hier bin ich,
aber meine Gedanken sind noch
bei mir und
bei diesem Tag.
Hier bin ich,
Gott.
Und ich möchte so gerne ruhig werden,
aber noch ist Unruhe in mir.
Hier bin ich,
Gott,
und möchte gerne beten,
aber ich finde keine Worte.
Hier bin ich,
Gott,
und möchte auf dich hören,
aber in mir ist so viel Lärm.
Gott,
hier bin ich
mit meinem Leben,
mit meinem Tag,
mit der Unruhe in mir,
mit meiner Sprachlosigkeit,
mit dem Lärm in mir,
der die Ohren taub macht.
Du nimmst mich an,
so, wie ich bin.
Hier bin ich,
Gott.

Andrea Schwarz

Aus: Andrea Schwarz. *Und jeden Tag mehr leben. Jahreslesebuch.* Verlag Herder, Freiburg i. Br. 2014. S. 79f.

AH Zwingli / 6 Wir schaffen Platz für Gottes Wort

M6.1

Vorschläge für Loblieder
Da wohnt ein Sehnen tief in uns (rise up plus 077)
Du bist da, wo Menschen leben (rise up plus 199)
You raise me up (rise up plus 202)
Meine Hoffnung und meine Freude (rise up plus 242)

Verkündigung

Dialog mit Zwingli (siehe M6.3)

Fürbitte

Hinführung zur Fürbitte
L: Wir danken dir, Gott, dass du uns immer wieder neu die Hände füllst und uns ein Leben in Fülle schenken willst. Von dieser Fülle möchten wir weiterschenken. So bringen wir unsere Bitten und Wünsche vor dich …
(Einzelne Bitten der Gottesdienstbesuchenden vorlesen oder vorlesen lassen.)

Sendung

Vorschläge für Schlusslieder
Kanon *Ausgang und Eingang* (RG 345)
Put your hand in the hand (rise up plus 183)
Herr, in deine Hände (rise up plus 190)

Segen
L: Wir haben den Alltag zu Beginn des Gottesdiensts weggestellt, nun gehen wir in den Alltag zurück. Wir gehen mit gefüllten Händen. Denn Gott wird uns mit seinem Segen begleiten. Wir halten uns an den Händen und lassen uns Gottes stärkenden Segen zusprechen mit dem ältesten Segenswort aus der Bibel – das übrigens auch Zwingli sehr geschätzt hat –, mit dem aaronitischen Segen (Num 6,24–26).

Der Herr segne dich und behüte dich.
Der Herr lasse sein Angesicht leuchten über dir
und sei dir gnädig.
Der Herr erhebe sein Angesicht zu dir
und gebe dir Frieden.
Amen.

AH Zwingli / 6 Wir schaffen Platz für Gottes Wort

M6.2

Alltagsbilder

Hinweise und Vorbereitungen
- Die Bilder von Alltagsgegenständen auf Superior-Papier, DIN A3, 200 g/m², ausdrucken. (Druckvorlagen siehe B6.1a–l).
- Variante: Es können auch die auf den Bildern abgebildeten Alltagsgegenstände selbst aufgestellt werden. Dabei ist auf gute Sichtbarkeit der einzelnen Gegenstände zu achten, damit der Entrümpelungseffekt deutlich wird.

Alle Fotos © Pixabay

AH Zwingli / 6 Wir schaffen Platz für Gottes Wort

M6.3

Dialog mit Zwingli

Huldrych Zwingli (Z), als Zwingli-Puppe (siehe Foto) oder als Schauspieler in Zwingli-Gewand und mit Zwingli-Hut, wird von einem Interviewer / einer Interviewerin (L) befragt.

Zwingli-Puppen gibt es bei Relimedia in zwei Ausführungen, als Stabpuppe (lebensgross, ca. 170 cm hoch) und als Handpuppe (ca. 60 cm hoch). © Foto: Relimedia, www.relimedia.ch

L: Grüezi, Herr Zwingli! Sind Sie es wirklich? Sie sehen genau so aus, wie ich Sie von alten Bildern her kenne.

Z (Huldrych Zwingli): Natürlich bin ich es, Huldrych Zwingli höchstpersönlich! Was machen Sie hier in der Kirche? So viele Leute, junge und alte, ich staune!

L: Herr Zwingli, welche Ehre, Sie hier zu treffen.

Z: Papperlapapp. Es geht hier nicht um mich. Beantworten Sie meine Frage: Was machen all die Leute hier?

L: Wir feiern einen Familiengottesdienst. Und als Thema haben wir «Wir schaffen Platz für Gottes Wort». Wir haben vorhin die Kirche von unseren Alltagsgegenständen befreit und überlegt, wie wir als Menschen auch Platz schaffen können für Gottes Wort.

Z: Das haben Sie genau richtig gemacht! Ich habe schon vor 500 Jahren gesagt: Wir müssen uns auf das Wichtige konzentrieren, auf Gottes Wort! Ich habe damals alles aus den Zürcher Kirchen entfernen lassen, was uns von Gottes Wort ablenken könnte.

L: Was meinen Sie damit? Was haben Sie entfernen lassen?

Z: Oh, im Grossmünster in Zürich ging es zu wie auf einem Jahrmarkt. Dutzende Heiligenaltäre gab es im Grossmünster, überall Heiligenbilder und Heiligenfiguren, Kerzen, Weihrauch …

L: Und Sie haben alles rausgeschmissen? Hat Ihnen das nicht leidgetan, all die schönen Kunstwerke …

Z: Wir brauchten einfach eine Veränderung! Denn die Menschen setzten ihr Vertrauen auf die Heiligenbilder und Heiligenfiguren statt auf den lebendigen Gott und sein Wort. Da musste ich etwas tun! Und ich finde es gut, dass Sie auch ausmisten … Gott kommt doch an erster Stelle …

L: Gut, wir haben auch aufgeräumt. Doch nun? Geben Sie uns einen Tipp, Herr Zwingli! Wie können wir in uns selbst Ordnung schaffen, Wichtiges von weniger Wichtigem unterscheiden? Wir müssen doch an so vieles denken: Ich muss pünktlich zur Arbeit kommen, ich muss meine Hausaufgaben machen, ich muss Sport treiben und dies noch und das auch noch. Wir haben so viel um die Ohren. Alles ist irgendwie wichtig. Wie kann ich da Raum und Zeit für Gottes Wort schaffen? Wie kann ich Platz freiräumen für Gott?

Z: Was für eine Frage! Das ist doch ganz klar: Lesen Sie in der Bibel, im Wort Gottes. Ich habe damals mit einer Gruppe von Leuten die Bibel ins Deutsche übersetzt, das war eine Arbeit! Wir haben das gemacht, damit die Zürcher die Bibel in ihrer Muttersprache lesen können. Damit sie endlich verstehen, um was es in der Bibel geht: um Gottes Liebe zu uns und um Frieden und Gerechtigkeit für alle. Das ist eine Botschaft, die Menschen berührt und verändert.

L: Ich lasse mich berühren von Gottes Wort? Also, das verstehe ich nicht. Wie geht das?

Z: Sie haben doch über das Aufräumen gesprochen. Wenn ich in mir drin *(Zwingli legt die Hand auf sein Herz)* Platz schaffe für Gottes Wort, dann

AH Zwingli / 6 Wir schaffen Platz für Gottes Wort

M6.3

konzentriere ich mich. Wenn ich lese, dann lese ich und mache nichts anderes. Wenn ich höre, dann höre ich und mache nichts anderes. Ich lese und höre Gottes Wort, und dann passiert etwas in mir *(Zwingli klopft auf seine Brust)*, die Worte fangen in mir an zu wirken.

L: Die Worte fangen an zu wirken – wie eine Medizin?

Z: Kein schlechtes Bild! Das Wort Gottes wirkt in uns: Es kann uns trösten, uns Hoffnung schenken, uns zu Tränen rühren, uns zum Nachdenken bringen. Es kann uns zeigen, was wirklich wichtig ist im Leben, womit wir unsere Herzen füllen möchten.

L: Herr Zwingli, wir haben eben gesungen: «Ausgang und Eingang, Anfang und Ende liegen bei dir, Herr, füll uns die Hände.» Die Hände füllen, ist das das Gleiche wie die Herzen füllen?

Z: Ja, das kann man so sagen. Fragen wir doch einmal die Menschen hier in der Kirche, was sie denken, womit sie innerlich gefüllt werden.

L: Gute Idee! *(wendet sich an die Gottesdienstbesuchenden)* Also: Was denken Sie? Womit lassen wir uns unsere Herzen und Hände füllen? Sie dürfen gerne mit Ihrem Banknachbarn und Ihrer Banknachbarin murmeln oder mit Ihrer Familie zusammen.

(Einige Minuten Zeit zum Murmeln geben.)

L: Herr Zwingli! Nun mal direkt an Sie die Frage: Womit lassen Sie sich die Hände und das Herz füllen?

Z: Mit Gottes Wort, mit Liebe, Frieden, Vertrauen und Glauben. Jeden Tag halte ich meine Hände auf und bete darum, dass es meiner Familie gut geht. Dass die Menschen hier und anderswo in Frieden leben, dass sie zusammenkommen können, um Gottesdienst zu feiern und Gemeinschaft zu erleben. Vertrauen und Glauben brauche ich jeden Tag, damit ich weiss, wie ich mein Leben leben kann. Denn jeder Tag stellt mich vor neue Herausforderungen, und ich vertraue darauf, dass Gott mir den rechten Weg weisen wird.

L: Ein schönes Schlusswort, Herr Zwingli! Ich danke Ihnen für das Gespräch.

Jessica Stürmer Terdenge

M6.4

Ideen zur Gestaltung der Zeit nach dem Gottesdienst

1. Spielen

Spiele waren im Mittelalter für Kinder und Erwachsene ein angenehmer Zeitvertreib. Viele von diesen Spielen kennen wir heute noch. Neben Brett-, Glücks- und Geschicklichkeitsspielen wurden mit Puppen kleine Theaterstücke aufgeführt, Gross und Klein machten mit allerlei Instrumenten Musik oder vergnügten sich mit Ball-, Kugel- und Bewegungsspielen.

Nüsse kullern

© Dorothea Meyer-Liedholz

Spielregel: Zwei (oder mehrere) Spielende erhalten je zehn Baumnüsse. Der Reihe nach und auf ebenem Grund lässt jeder Spieler / jede Spielerin eine Nuss rollen. Trifft er/sie dabei die Nuss eines anderen Spielers, so kann er/sie beide nehmen. Wer keine Nüsse mehr hat, scheidet aus. Gewonnen hat, wer zum Schluss als Einziger noch Nüsse besitzt.
→ Material: Baumnüsse

Zielmurmel

© Dorothea Meyer-Liedholz

Spielregel: Ein Spieler oder eine Spielerin legt eine Murmel ein bis zwei Meter von der Startlinie entfernt ab. Die anderen versuchen nun, von der Startlinie aus eine Murmel so gegen die abgelegte Murmel zu rollen, dass sie diese berührt. Trifft keiner die Murmel, muss jeder dem Besitzer der Zielmurmel eine Murmel abgeben.
→ Material: Murmeln

Beide Spielbeschreibungen nach: www.elisabethvontuirstadt.jimdo.com › Leben im Mittelalter › Kinderspiele im Mittelalter

Seifenblasen

© Doris Fischer, www.ausgraeberei.de/meine-buecher/spielen-wie-im-mittelalter

Als im 14. Jahrhundert die ersten Seifensieder ihre Produkte nördlich der Alpen verkauften, entdeckten die Kinder schon bald, was man neben dem Waschen mit Seifenlauge auch noch anfangen kann: Seifenblasen machen.

Anleitung für die Herstellung von Seifenlauge
1 Glas Regenwasser, 1 gehäufter TL Honig und 1 EL Kernseife (5 g) in einer Pfanne unter Rühren erwärmen; Mischung vor dem Verwenden umrühren (und evtl. erwärmen, wenn die Mischung zu fest ist). Den Strohhalm am einen Ende mehrmals ca. ½ cm einschneiden und die entstandenen schmalen Streifen vorsichtig nach aussen biegen. Etwas Seifenlauge in die Schale geben und mit dem Strohhalm von der Seite her anpusten.
→ Material: Muschelschale, Strohhalm, Kernseife, Honig (oder Zucker), Regenwasser (oder destilliertes Wasser)

Nach: Doris Fischer. *Spielen wie im Mittelalter. 50 Anleitungen zum Nachbauen und Mitspielen.* Konrad Theiss Verlag, Stuttgart 2013. S. 40f.

Weitere Spiele: Schach, Backgammon, Dame, Mühle, Würfeln, Kartenspiele, Seilziehen, Steckenpferd, Stelzenlaufen

Outdoor
Kugelbahn: www.zhref.ch/angebote/familie/kirchturm-kugelbahn
Hüpfkirche der Reformierten Landeskirche Aargau: www.effingerhort.ch/de/rehahaus_effingerhort/huepfkirche

M6.4

© Dorothea Meyer-Liedholz

Jasskartenset zum Reformationsjubiläum
mit Huldrych Zwingli als König, Regula Gwalther-Zwingli als Ober, Heinrich Bullinger als Under etc.: www.ref-500.ch/de/shop/jasskarten-set

2. Kreativ werden

Button «Reformator» bzw. «Reformatorin»
Mit einer Button-Maschine einen Button herstellen. Die Button-Druckvorlage «Reformator» bzw. «Reformatorin» nach eigenen Ideen gestalten.
Hinweis: Beide Button-Druckvorlagen sind in je zwei Standardgrössen (38 mm und 57 mm) vorhanden.
→ Material: B6.3 auf festes Papier ausgedruckt, Neocolor, Faserschreiber, Button-Maschine (in einer Ludothek ausleihbar) und Verbrauchsmaterial für Buttons

Nach: Evangelische Jugend Bayern, www.ejb.de/fileadmin/bilder/Reformation_reloaded/Buttonvorlage_ReformatorIn.pdf

Aktion «Reformator/Reformatorin sein von heute»
«Und wo schaffst du Platz für Gottes Wort?» Jeder und jede kann seinen/ihren Beitrag dazu leisten! Jede und jeder kann ein Reformator / eine Reformatorin sein! Kinder, Jugendliche und Erwachsene können sich selbst fotografieren oder fotografieren lassen im Konterfei von Anna Reinhart und Huldrych Zwingli. Bilder posten oder als Postkarten verschicken mithilfe einer Postcard App.
Druckvorlagen siehe B6.4a–b: Skalierte Vorlagen drucken und auf stabilen Karton aufziehen. Gesichtsfelder ausschneiden.
→ Material: B6.4a–b, Druckvorlagen aufgezogen auf DIN-A3-Karton mit ausgeschnittenen Gesichtsfeldern, Digitalkamera, Laptop, fototauglicher Drucker

Idee nach: Mission 21, www.mission-21.org/kampagne/herbstkampagne-agents-of-change (2017)

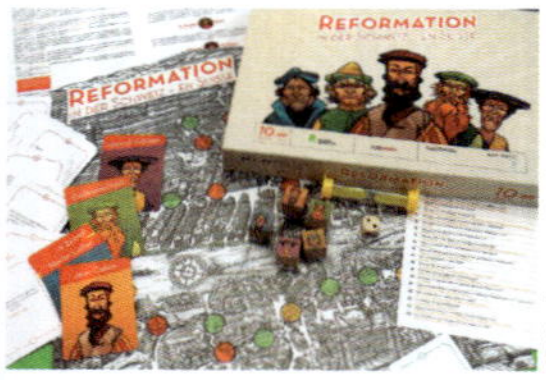

© Relimedia, www.relimedia.ch

Extratipp: Brettspiel *Reformation in der Schweiz*
Das Brettspiel bringt Jugendlichen und Erwachsenen die Reformation in der Schweiz näher. Neben wichtigen Orten der Reformation informiert das Spiel über bedeutende Schweizer Reformatoren wie Huldrych Zwingli, Heinrich Bullinger, Jean Calvin und Guillaume Farel. Grundkenntnisse zur Reformation sollten bei den Spielenden vorhanden sein!
Für 3–25 Spielerinnen und Spieler. Dauer: 15–35 Minuten. Für Jugendliche und Erwachsenen geeignet.
→ Material: Ursula Lievenbrück / Baptiste Cochard. *Reformation in der Schweiz – en Suisse*. Relimedia / PH Freiburg, Zürich/Freiburg 2017. (Das Spiel ist bei Relimedia ausleihbar oder kann dort gekauft werden.)

Literatur/Medien
- Doris Fischer. *Spielen wie im Mittelalter. 50 Anleitungen zum Nachbauen und Mitspielen.* Konrad Theiss Verlag, Stuttgart 2013. (Brett- und Glücksspiele, Geschicklichkeitsspiele, Bewegungsspiele, Puppen- und Rollenspiele, Jagd- und Turnierspiele, Ball- und Kugelspiele)
- Doris Fischer. *Mittelalter selbst erleben! Kleidung, Spiel und Speisen – selbst gemacht und ausprobiert*. Konrad Theiss Verlag, Stuttgart 2015.
- Doris Fischer. *Kochen wie im Mittelalter. Geschichte, Zutaten, Rezepte*. Konrad Theiss Verlag, Stuttgart 2015.
- Dorothea Meyer-Liedholz / Jessica Stürmer Terdenge. *Eltern und Familie in der Kirche. Handbuch*. Theologischer Verlag Zürich, Zürich 2017. (weitere Spiele zu Zwinglis Zeiten siehe M3.2.8)
- *Wege zum Kind* 1/2017: Reformation. (Fachzeitschrift für den Bereich «Kind und Kirche», Feiern, Sonntagsschule, Religionsunterricht, hrsg. vom KiK-Verband, Berg am Irchel)

M6.5

Schmöker-Ecke: Bücher für Klein und Gross

	Gill Guile. *Meine Wimmel-Bibel.* Deutsche Bibelgesellschaft, Stuttgart 2014. Ab 3 Jahren	Die lustigen wie detailreichen Darstellungen laden dazu ein, tief in die Welt der biblischen Geschichten einzutauchen. Auf je einer Doppelseite werden zentrale Geschichten der Bibel dargestellt.
	Rüdiger Pfeffer / Karin Jeromin. *Komm, freu dich mit mir. Die Bibel für Kinder erzählt.* Deutsche Bibelgesellschaft, Stuttgart 1999. Ab 3 Jahren bis Erwachsene	Jede Bibelgeschichte wird mit einer Doppelseite abgeschlossen, die Spiele, Rätsel, Lieder, Bastelvorschläge und Gebete enthält. Durch die Seiten führt ein lustiger Vogel, Wido Wiedehopf.
	Dela Kienle / Anne Bernhardi / Billa Spiegelhauer. *Mittelalter* (Reihe Wieso? Weshalb? Warum? ProfiWissen, Bd. 13). Ravensburger Buchverlag, Ravensburg 2015. Ab 8 Jahren	Das Mittelalter hat viele Gesichter und brachte bahnbrechende Erfindungen hervor: die erste Brille, der erste Kompass, der Buchdruck. Wie sah der Alltag der Kinder aus? Dieser Band beleuchtet das Mittelalter in all seinen gesellschaftlichen und kulturellen Facetten.
	Dorothea Meyer-Liedholz / Kati Rickenbach. *Mit vollem Einsatz. Ein Comic über das Leben von Huldrych Zwingli*. Theologischer Verlag Zürich, Zürich ²2014. Ab 11 Jahren	Ein Comic über das Leben und Wirken, über Licht und Schatten von Huldrych Zwingli, dem Reformator von Zürich.
	Annett Staubach / Rudolf Eizenhöfer. *Zwingli. Ein Glaube versetzt Berge*. Das Kinder- und Jugendmagazin «tut», Luzern ²2017. Ab 11 Jahren	Der Comic führt die Leser/-innen in die Zeit der Reformation und nimmt sie mit zu den wichtigsten Lebensstationen des Schweizer Reformators. Mit vielen Infokästen.
	Käthi Koenig-Siegrist / Peter Opitz. *Orte der Reformation. Zürich*. Theologischer Verlag Zürich, Zürich 2016. Jugendliche, Erwachsene	Zürich heute: Hier wohnen und arbeiten Menschen aus aller Welt. Zürich vor 500 Jahren: zwar viel kleiner, aber ebenso lebendig. Das bebilderte Journal zeigt Zürich als Schauplatz der Reformation.
	Peter Opitz. *Ulrich Zwingli. Prophet, Ketzer, Pionier des Protestantismus*. Theologischer Verlag Zürich, Zürich ²2017. Erwachsene	Die allgemein verständliche und mit Abbildungen und Fotos illustrierte Biografie zeichnet auf knappem Raum das Denken und Wirken des Zürcher Reformators in den Konflikten seiner Zeit nach. Das Buch eignet sich für Lesende mit und ohne Vorwissen.

7 Zwingli und die Bibel (90′)

Baustein für die Erwachsenenbildung

Angela Wäffler-Boveland, Zürich

Darum geht es

Welche theologischen Themen der Reformationszeit sind auch heute noch wichtig? Die Teilnehmenden lassen sich vom Animationsfilm anregen, den biblischen Spuren genauer auf den Grund zu gehen, und beziehen persönlich Stellung zu einem der Themen. Sie reflektieren dabei ihren eigenen Umgang mit der Bibel.

Zeit	**Unterrichtsschritte** / Aktivität *(Sozialform)*	Material
30′	**Einstieg** Kurze Einführung: Zwingli als Bibelübersetzer, der mit der Bibel lebte *(LV)* Animationsfilm mit Beobachtungsaufträgen sehen *(PL)* Beobachtungen sammeln und schriftlich festhalten *(PL)*	F *Immer diese Zwinglis!* Flipchart, Faserschreiber
45′	**Erarbeitung** In Gruppen anhand von Bibelstellen die Rolle der Bibel für Zwinglis Handeln überprüfen und dazu Plakate gestalten *(GA)* Austausch der Ergebnisse der Gruppenarbeit *(PL)*	M7.1–7; *Zürcher Bibel*, 1 weitere Bibelübersetzung, Flipchart, Faserschreiber
15′	**Vertiefung** Schreibarbeit zu meinem Umgang mit der Bibel *(EA)* Gespräch: Wie hat Zwingli die Bibel gelesen? Wie lesen wir heute die Bibel? *(PL)*	Schreibkarten, Stifte
	Mögliche Ergänzungen • Input: Zwinglis Umgang mit der Bibel • Arbeit mit der Konkordanz: Auswählen und bearbeiten von relevanten Bibelstellen zum entsprechenden Thema • Kursreihe zu den Themen von M7.1–7	M7.8, evtl. M4.1 Konkordanz, *Zürcher Bibel* M7.1–7, *Zürcher Bibel*

Anknüpfungspunkte

Als Bibelübersetzer dürfte Zwingli vielen Menschen bekannt sein. Wie sehr sein gesamtes Handeln, sein Selbstverständnis und sein Einsatz für die Erneuerungen in Kirche und Gesellschaft von der Bibel geprägt waren, ist für Zwinglis Wirken zentral und dem Animationsfilm ansatzweise zu entnehmen. In dem Baustein soll es vor allem um die Frage gehen, wie wir heute die Bibel lesen können. Anhand von Bibelstellen zu verschiedenen theologischen Themen, die auch für Zwingli relevant waren, reflektieren die Teilnehmenden, wie die Bibel aktuelle Alltagsentscheidungen prägen kann.
Dabei werden auch kritische Fragen auftauchen – etwa die Frage nach dem heiligen Krieg oder der Legitimität einer «What would Jesus do»-Frömmigkeit – und diskutiert: Lässt sich die Bibel so einfach als «Rezeptbuch» verwenden? Was heisst es, die Bibel «beim Wort» zu nehmen? Lässt sich die Bibel, beim Wort genommen, noch wörtlich verstehen? Welche Bedeutung haben dabei unterschiedliche Bibelübersetzungen?

Ziele

Die Teilnehmenden

- setzen sich mit einem theologischen Thema, das im Animationsfilm angeschnitten wird, im Hinblick auf biblische Perspektiven und die eigene Haltung zur Bibel vertiefter auseinander;
- machen sich Gedanken, wie ein Leben mit der Bibel Entscheidungsprozesse beeinflussen kann, ohne zu moralischen und/oder fundamentalistischen Engführungen zu führen;
- erfahren Freude und Inspiration im Umgang mit biblischen Texten.

Screenshot: Die Zürcher Bibel, aus dem Animationsfilm *Immer diese Zwinglis!*

Vorschlag für eine Bildungsveranstaltung für Erwachsene

Einstieg (30')

■ *Kurze Einführung: Zwingli als Bibelübersetzer, der mit der Bibel lebte*

Die Kursleitung führt mit einem kurzen Input in das Thema ein (siehe evtl. auch M4.1): Der Zürcher Reformator Huldrych Zwingli wollte die Bibel «unter das Volk bringen», denn er war überzeugt, dass sich in der Bibel Anregungen zur Freude und Massstäbe für die Haltung und Gestaltung des (christlichen) Lebens finden. Darum übersetzte er die Bibel ins Deutsche, in Kooperation mit humanistisch gebildeten Gelehrten. Zwingli selbst lebte mit der Bibel, wobei ihm weniger einzelne Bibelsätze als vielmehr die Bibel in ihrer Gesamtheit Vorbild und Anregung war.

■ *Animationsfilm mit Beobachtungsaufträgen sehen*

Die Kursleitung lädt die Teilnehmenden ein, den Animationsfilm *Immer diese Zwinglis!* besonders im Hinblick auf folgende Fragen anzusehen: Wo kommt die Bibel in Bild und Wort vor? Bei welchen Themen? Wie wird die Bibel im Film eingesetzt?

■ *Beobachtungen sammeln und schriftlich festhalten*

Nach dem Sehen des Films werden die Beobachtungen der Teilnehmenden auf einem Flipchart gesammelt. Hinweis: Ziel ist nicht Vollständigkeit, wichtiger ist, bei welchen Themen und auf welche Weise die Bibel vorkommt.

Erarbeitung (45')

■ *In Gruppen anhand von Bibelstellen die Rolle der Bibel für Zwinglis Handeln überprüfen und dazu Plakate gestalten*

Zu den Themen aus dem Film, die mit der Bibel verbunden werden, gibt es je ein Arbeitsblatt (M7.1–7) mit je drei Bibelstellen zum Thema und den für die Gruppen immer gleichen Aufgaben. Die Bibelzitate sind bewusst kontrovers gewählt, so dass die Entscheidung, «was die Bibel uns sagt», nicht leichtfällt. Die Teilnehmenden entscheiden sich frei für ein Thema, das sie vertiefen möchten. Idealerweise bearbeiten 3–4 Personen je eines der Themen. Jeder Gruppe steht neben dem Materialblatt eine Zürcher Bibel und eine zusätzliche Bibelübersetzung zur Verfügung, um Zusammenhänge von Textstellen und Übersetzungsvarianten zu erkunden. Die Gruppen stellen ihre Beobachtungen auf einem Flipchart-Plakat zusammen.
Hinweise: Je nach Gruppengrösse kann die Themenauswahl verkleinert werden. Wenn die Kursleitung die Auswahl von drei Bibelversen je Thema für zu umfangreich hält, kann jede Gruppe auch nur eines der vorgeschlagenen Beispiele bearbeiten. Weitere Informationen zum Thema Fasten (M7.7) finden sich im Baustein 2.

■ *Austausch der Ergebnisse der Gruppenarbeit*

Die einzelnen Themengruppen berichten mithilfe ihres Flipchart-Plakats von ihren Ergebnissen. Dabei geht es weniger darum, akribisch jedes Detail zu referieren, als besonders auf die Erkenntnisse und Entdeckungen hinzuweisen, die auch für die anderen Gruppen interessant sein könnten. Dabei kann auf den Animationsfilm zurückverwiesen werden.

Vertiefung (15')

■ *Schreibarbeit zu meinem Umgang mit der Bibel*
Die Teilnehmenden formulieren schriftlich für sich persönlich Antworten zu folgenden Fragen: Was hat mir diese Bibelarbeit gebracht? Was habe ich entdeckt? Was ist mir bewusst geworden? Wie könnte sich nun mein Umgang mit der Bibel verändern?
Damit reflektieren die Teilnehmenden zugleich, welche Bedeutung die Bibel in ihrem Leben hat, ohne dass dies ausdrücklich erklärt oder gesagt werden müsste.

■ *Gespräch: Wie hat Zwingli die Bibel gelesen? Wie lesen wir heute die Bibel?*
Im abschliessenden Gespräch werden die Erkenntnisse der Bibelarbeit gebündelt und noch einmal auf den Film bzw. Zwingli bezogen. Mögliche Fragen: Was können wir von Zwingli lernen? Lesen wir die Bibel heute anders als Zwingli vor 500 Jahren? Wie? Warum? Was habe ich bei der Bibelarbeit herausgefunden?

Mögliche Ergänzungen

- Input: Wo mehr Zeit zur Verfügung steht, kann ein Input zu Zwinglis Bibelhermeneutik und seinem Umgang mit der Bibel die Veranstaltung abrunden (siehe M7.8).
- Arbeit mit der Konkordanz: Wo mehr Zeit zur Verfügung steht, kann die Kursleitung statt der vorgegebenen Textauswahl (M7.1–7) jeder Gruppe zu einem der Themen einen Auszug aus einer Konkordanz zur Verfügung stellen. Der Auftrag bleibt grundsätzlich gleich, wird jedoch um die Aufgabe erweitert, selbst eine Auswahl von 2 bis 3 Textstellen zu treffen, die dem thematischen Anliegen im Film gerecht werden könnte. Welche Bibelstellen eignen sich hier (nicht)?
- Kursreihe: Mit jedem Materialblatt M7.1–7 kann ein ganzer Anlass nach demselben Vorbild wie beschrieben gestaltet werden. Dann würde der Beobachtungsauftrag für den Film jeweils auf das Thema konzentriert werden. Beispiel: Im Film geht es um Gerechtigkeit: Wie kommt die Bibel in diesem Zusammenhang vor? Alle Gruppen erhalten dasselbe Materialblatt, bearbeiten jedoch dann jeweils nur eine der vorgeschlagenen Bibelstellen. In der anschliessenden Austauschrunde geben die unterschiedlichen Botschaften der Bibelstellen sicher zu reden.

Literatur/Medien/Links

- Matthias Krieg (Hrsg.). *Erklärt. Der Kommentar zur Zürcher Bibel.* 3 Bde. Theologischer Verlag Zürich, Zürich 2010.
- Peter Opitz. *Ulrich Zwingli. Prophet, Ketzer, Pionier des Protestantismus.* Theologischer Verlag Zürich, Zürich ²2017.

M7.1

Krieg

Ich will Frieden, und so rede ich, sie aber sind für den Krieg.

Psalm 120,7

Und er [Gott] wird für Recht sorgen zwischen den Nationen
und vielen Völkern Recht sprechen.
Dann werden sie ihre Schwerter zu Pflugscharen schmieden
und ihre Speere zu Winzermessern.
Keine Nation wird gegen eine andere das Schwert erheben,
und das Kriegshandwerk werden sie nicht mehr lernen.

Jesaja 2,4

[Jesus sagt:] Meint nicht, ich sei gekommen, Frieden auf die Erde zu bringen.
Ich bin nicht gekommen, Frieden zu bringen, sondern das Schwert.

Matthäus 10,34

Auftrag
Lesen Sie die Texte in der Gruppe und diskutieren Sie folgende Fragen:
- Welche Botschaft enthalten die Texte?
- Wie passen diese zusammen?
- Auf welchen Text könnte Zwingli sich beziehen?
- Auf welchen Text würden Sie sich berufen?

Halten Sie Ihre Ergebnisse schriftlich fest.

M7.2

Bildung

Forscht nach im Buch des HERRN und lest:
Nichts von dem bleibt aus,
eines muss das andere nicht suchen,
denn sein Mund hat es geboten,
und sein Geist, er hat all das angesammelt.

Jesaja 34,16

Und er [Gott] sprach zu mir: Du Mensch, iss, was du vorfindest, iss diese Schriftrolle,
und geh, sprich zum Haus Israel!

Ezechiel 3,1

Philippus [...] sagte: Verstehst du, was du da liest? Der [äthiopische Hofbeamte] sagte: Wie könnte ich, wenn niemand mich anleitet? Und er bat Philippus, auf den Wagen zu steigen und sich zu ihm zu setzen.

Apostelgeschichte 8,30f

Auftrag
Lesen Sie die Texte in der Gruppe und diskutieren Sie folgende Fragen:
- Welche Botschaft enthalten die Texte?
- Wie passen diese zusammen?
- Auf welchen Text könnte Zwingli sich beziehen?
- Auf welchen Text würden Sie sich berufen?

Halten Sie Ihre Ergebnisse schriftlich fest.

M7.3

Gebote: Rauben

Du sollst nicht stehlen.

Exodus 20,15

Der Dieb kommt nur, um zu stehlen, zu schlachten und zu vernichten. Ich bin gekommen, damit sie das Leben in Fülle haben. Ich bin der gute Hirt. Der gute Hirt setzt sein Leben ein für die Schafe.

Johannes 10,10f

Du rühmst dich des Gesetzes und raubst Gott die Ehre durch die Übertretung des Gesetzes!

Römer 2,23

Auftrag
Lesen Sie die Texte in der Gruppe und diskutieren Sie folgende Fragen:
- Welche Botschaft enthalten die Texte?
- Wie passen diese zusammen?
- Auf welchen Text könnte Zwingli sich beziehen?
- Auf welchen Text würden Sie sich berufen?

Halten Sie Ihre Ergebnisse schriftlich fest.

M7.4

Gebote: Töten

Du sollst nicht töten.

Exodus 20,13

Was aber die Auferstehung der Toten betrifft – habt ihr nicht gelesen, was euch von Gott gesagt ist: *Ich bin der Gott Abrahams und der Gott Isaaks und der Gott Jakobs?* Er ist nicht ein Gott von Toten, sondern von Lebenden.

Matthäus 22,31f

Das Gebot nämlich: *Du sollst nicht ehebrechen, du sollst nicht töten, du sollst nicht stehlen, du sollst nicht begehren*, und was es sonst noch an Geboten gibt, wird in dem einen Wort zusammengefasst: *Du sollst deinen Nächsten lieben wie dich selbst.* Die Liebe fügt dem Nächsten nichts Böses zu. Des Gesetzes Erfüllung also ist die Liebe.

Römer 13,9f

Auftrag
Lesen Sie die Texte in der Gruppe und diskutieren Sie folgende Fragen:
- Welche Botschaft enthalten die Texte?
- Wie passen diese zusammen?
- Auf welchen Text könnte Zwingli sich beziehen?
- Auf welchen Text würden Sie sich berufen?

Halten Sie Ihre Ergebnisse schriftlich fest.

M7.5

Predigt

Der Geist Gottes des HERRN ist auf mir.
Denn der HERR hat mich gesalbt,
um den Elenden frohe Botschaft zu bringen,
er hat mich gesandt,
um die zu heilen, die gebrochenen Herzens sind,
um Freilassung auszurufen für die Gefangenen
und Befreiung für die Gefesselten,
um ein Jahr des Wohlwollens des HERRN auszurufen [...].

Jesaja 61,1f

Erzählen wird man vom Herrn
der Generation, die noch kommt,
und verkünden seine Gerechtigkeit
dem Volk, das noch geboren wird.
Er hat es vollbracht.

Psalm 22,31f

Und er [Jesus] zog in ganz Galiläa umher, lehrte in ihren Synagogen, verkündigte das Evangelium vom Reich und heilte jede Krankheit und jedes Gebrechen im Volk.

Matthäus 4,23

Auftrag
Lesen Sie die Texte in der Gruppe und diskutieren Sie folgende Fragen:
- Welche Botschaft enthalten die Texte?
- Wie passen diese zusammen?
- Auf welchen Text könnte Zwingli sich beziehen?
- Auf welchen Text würden Sie sich berufen?

Halten Sie Ihre Ergebnisse schriftlich fest.

M7.6

Gerechtigkeit

Und das Werk der Gerechtigkeit wird Friede sein
und der Ertrag der Gerechtigkeit Ruhe und Sicherheit für immer.

Jesaja 32,17

Sät für euch, wie es der Gerechtigkeit entspricht,
erntet nach Massgabe der Gnade!
Macht euch neues Land urbar!
Und es ist an der Zeit, den HERRN zu suchen,
bis er kommt, um Gerechtigkeit auf euch regnen zu lassen.

Hosea 10,12

Gnade und Treue finden zusammen,
es küssen sich Gerechtigkeit und Friede.

Psalm 85,11

Auftrag
Lesen Sie die Texte in der Gruppe und diskutieren Sie folgende Fragen:
- Welche Botschaft enthalten die Texte?
- Wie passen diese zusammen?
- Auf welchen Text könnte Zwingli sich beziehen?
- Auf welchen Text würden Sie sich berufen?

Halten Sie Ihre Ergebnisse schriftlich fest.

M7.7

Fasten

Und im fünften Jahr des [Königs] Jehojakim [...], im neunten Monat, rief man das ganze Volk in Jerusalem und alles Volk, das aus den Städten Judas nach Jerusalem kam, zu einem Fasten auf vor dem HERRN.

Jeremia 36,9

Vierzig Tage und vierzig Nächte fastete er [Jesus], danach hungerte ihn.

Matthäus 4,2

Und die Jünger des Johannes und die Pharisäer pflegten zu fasten. Und sie kommen und sagen zu ihm: Warum fasten die Jünger des Johannes und die Jünger der Pharisäer, deine Jünger aber fasten nicht?

Markus 2,18

Auftrag
Lesen Sie die Texte in der Gruppe und diskutieren Sie folgende Fragen:
- Welche Botschaft enthalten die Texte?
- Wie passen diese zusammen?
- Auf welchen Text könnte Zwingli sich beziehen?
- Auf welchen Text würden Sie sich berufen?

Halten Sie Ihre Ergebnisse schriftlich fest.

M7.8

Rundbogen mit Bibelinschrift über dem Zwingliportal des Grossmünsters: «Kumend zuo mir alle, die arbeytend und beladend sind, und ich will üch Ruow geben.» (Mt 11,28) ©Wikimedia/Roland zh

Zwingli und die Bibel

Theologie auf der Grundlage der Bibel
Der Zürcher Reformator Huldrych Zwingli begründet seine Theologie konsequent aus der Bibel. Die Wechselwirkungen von Bibelstudien und Theologie sind deutlich erkennbar. Für Zwingli ergibt sich allein von der Bibel her die kirchliche Lehre – und nicht umgekehrt, wie in der vorherrschenden kirchlichen Tradition. Darum ist es ihm so wichtig, dass jeder Mensch selbst die Bibel lesen, verstehen und deuten kann, ohne durch dogmatistische kirchliche Vorentscheidungen begrenzt zu werden. Durch den Humanisten Erasmus von Rotterdam entdeckt Zwingli einen neuen befreienden Zugang zu den biblischen Texten. In der Bibel ist alles enthalten, was man als guter Christ wissen und befolgen soll, eine zusätzliche Kirchenlehre ist unnötig: Allein die Bibel wird als Autorität akzeptiert. Es genügt, «aus Gottes eigenem Mund zu lernen, was Gott ist». In der ganzen Bibel Alten und Neuen Testaments begegnet das lebendige Gotteswort, das Menschen bewegt und darum gute, befreiende, froh machende Botschaft, Evangelium, ist. Zwingli entdeckt die sozialpolitische Sprengkraft der Bibel: Wer die Bibel in all ihren Teilen studiert, nichts auslässt und sich in der Deutung von keiner kirchlichen Tradition einschränken lässt, muss erkennen, dass das Reich Gottes auf sozialer Gerechtigkeit gründet.

Deutung der Bibel nach klaren Regeln
Allerdings muss die Bibel nach klaren Regeln der Sprachwissenschaft und Hermeneutik gedeutet werden, und es ist nötig, sich Rechenschaft darüber abzulegen, welche Absicht mit einer Auslegung verfolgt wird.
Das führt in Zürich zu mehreren Massnahmen:
- Bereits ab 1520 sind die Prediger in Zürich dazu verpflichtet, alle Schriften der Bibel bei der Auswahl des Predigttexts zu berücksichtigen. Dafür beruft sich der Rat der Stadt auf päpstliches Recht.
- Ab 1525 wird die Bibel an jedem Wochentag abschnittweise fortlaufend öffentlich gelesen und ausgelegt. Morgens wird in der sogenannten Prophezei im Chor des Grossmünsters ein Abschnitt des Alten Testaments auf Lateinisch, Hebräisch und Griechisch gelesen, ausgelegt, theologisch und spirituell bedacht und für die anwesende Gemeinde in deutscher Sprache zusammengefasst. Nachmittags führt Zwingli auf ähnliche Weise im Fraumünster durch das Neue Testament.
- Die Bibel wird ins Deutsche übersetzt und so einem grösseren Kreis zugänglich gemacht. Die erste Zürcher Bibel liegt 1529 vollständig vor und erscheint 1531 als sogenannte Froschauerbibel.
- Die Deutungen der Bibeltexte werden öffentlich diskutiert und kritisch befragt, um die Wahrheit zu ergründen. «Lassend mir die Wort still ston», schreibt Zwingli und drängt damit darauf, die Worte der Bibel ernst zu nehmen und so zu deuten, wie sie gemeint sind, ohne sie zurechtzubiegen oder zu verdrehen. Die Bibel will beim Wort genommen werden und in die Tat umgesetzt werden.

Tafel des Zwingliportals: Die gemeinsame Übersetzung der Bibel ©Foto: Peter Hürlimann

Wirkungen der Bibelauslegung
Für Zwingli gibt es kein frommes Christentum im stillen Kämmerlein, in dem jede und jeder für sich allein ihren oder seinen Glauben pflegt. Vielmehr ist Glauben immer ein gemeinschaftliches Geschehen, das sich vielfältig auswirkt, wenn es ernst genommen wird. Hier seien drei Beispiele genannt, die nicht ausdrücklich im Film *Immer diese Zwinglis!* thematisiert werden:
- Soziale Auswirkungen: Die Einführung des sogenannten Mushafens (heute würde man «Gassenküche» sagen) war eine Form der Armenfürsorge.
- Gesellschaftliche Perspektiven: Die Reisläuferei als eine Form der Landflucht führte zur Verarmung der ohnehin schon armen Landbevölkerung und hatte verheerende Auswirkungen, gegen die Zwingli vehement anging.
- Politische Vernetzung: Zwingli war immer bemüht, seine theologischen Überzeugungen in Absprache mit dem Zürcher Rat umzusetzen. Noch weniger als Luther war Zwingli ein Einzelkämpfer. Ihm ging es um die Sache der Bibel, um das Wort Gottes mitten in der Welt.

Nach Zwingli ist es an den Menschen, das Christuswort umzusetzen: «Kumend zuo mir alle, die arbeytend und beladend sind, und ich will üch Ruow geben.»

Hinweis: Weitere Informationen zur Zürcher Bibel siehe Baustein 4/M4.1

9
10

Stadtrundgang durch Zwinglis Zürich

Stadtrundgang: Bibel, Hafermus und Schwert – die Zwingli-Stadt Zürich erkunden (2–3 Std.)

Judith Stutz, Bülach

Eine weitere Möglichkeit zur Vertiefung der Arbeit mit dem Animationsfilm *Immer diese Zwinglis!* ist ein Rundgang durch die Zürcher Altstadt. Wie die Zwingli-Kinder im Film begeben sich die heutigen Kinder auf die Spuren des Zürcher Reformators. Da gibt es einiges zu entdecken und zu erleben. Der vorgeschlagene Stadtrundgang nimmt einige der reformationsgeschichtlichen Themen des Films auf und vertieft sie an 12 Stationen. Der Stadtrundgang ist für die Zielgruppe Mittelstufenkinder entwickelt worden (4.–6. Schuljahr) und eignet sich für schulische und kirchliche Gruppen. Viele der vorgeschlagenen Aktivitäten an den Stationen sind auch für Jugendliche und Erwachsene geeignet. Wo dies nicht der Fall ist, wird eine Variante angeboten.
Hinweis: Die Aktivitäten sind als Anregung gedacht und können durch eigene Ideen ergänzt oder ersetzt werden.
Bei jeder Station gibt es Hinweise, wo die Leitung (L) Hintergrundinformationen für die jeweilige Station findet (siehe unter *Informationen*). Eine Möglichkeit ist der Flyer *Stadtrundgang. Zürich und die Reformation*, der als *Bonus-Material* auf der Begleit-DVD abgelegt ist. Auf dem Flyer ist auch ein Stadtplan mit den verschiedenen Stationen abgedruckt.

Der Flyer *Stadtrundgang* findet sich als Bonus-Material zum Stadtrundgang auf der Begleit-DVD.

(1) Zwingli-Statue vor der Wasserkirche

Vor der Wasserkirche wurde 1885 eine grosse Statue aufgestellt, die einen heldenhaften Zwingli zeigt. Zwinglis linke Hand umfasst ein grosses Schwert, auf das sich der Reformator stützt, und in der rechten Hand hält er eine Bibel.

Thema: Wer war Zwingli? (Einstieg)

Aktivitäten

- Die Kinder betrachten das Denkmal. Fragen für das Gespräch:
  - Was fällt euch an der Statue auf? Evtl.: Was hält sie in den Händen?
  - Wer ist dargestellt? (Text auf dem Sockel lesen). Was wisst ihr bereits über Zwingli?
  - Wann hat Zwingli gelebt? (Lebensdaten Zwinglis in römischen Zahlen entziffern)
- Einstiegsquiz: Spielform «1, 2 oder 3» (StR1) (weitere Spielidee: M4.6)

Informationen

- G1, G2 (siehe dort *Literatur/Medien/Links*), M1.2, M1.5
- Flyer *Stadtrundgang* zur Wasserkirche

(2) Krypta im Grossmünster

Das Wort Krypta kommt aus dem Griechischen und bedeutet «verborgener Ort» oder auch «Gruft». Das passt thematisch zur Pest, die im Sommer und Herbst 1519 in Zürich wütete und 2000 Menschen das Leben kostete. Auch Zwingli steckte sich an. Er überlebte die Pest und schrieb später ein eindrückliches Lied, das Pestlied.

Thema: Zwinglis Pestlied

Aktivitäten

- Die Kinder lesen zu zweit einen Auszug aus dem Zwingli-Comic, der von der Pesterkrankung Zwinglis und seiner Genesung erzählt – und von seiner Nachbarin Anna Reinhart, die für den kranken Priester sorgt (→ Station 5). (Zwingli-Comic *Mit vollem Einsatz*, S. 4f)
- L liest einen Auszug aus Zwinglis Pestlied vor, das der Zürcher Reformator nach seiner Genesung geschrieben hat (StR2).

Informationen

- Dorothea Meyer-Liedholz u. a. *Wir glauben in Vielfalt. Arbeitshilfe mit Begleit-DVD für das 5.–7. Schuljahr (JuKi)*. Theologischer Verlag Zürich, Zürich 2011. S. 181–190. (F3.1 Zwinglis Pestlied)

(3) Chorgestühl im Grossmünster

Das Grossmünster ist die Mutterkirche der Zürcher Reformation. Hier wirkte Huldrych Zwingli 1519–1531 als Leutpriester und Reformator.

Thema: Zwinglis Reformen und die Zürcher Bibel

Aktivitäten

- Die Kinder sitzen im Chorgestühl und betrachten den Kirchenraum genau.

Fragen für die Diskussion:
  - Was fällt euch auf? Wie ist das Grossmünster gebaut? Wie ist es ausgestattet?
  - Was findet sich auch in anderen reformierten Kirchen? Was ist «typisch reformiert»?
  - Welche Unterschiede zwischen einer katholischen und einer reformierten Kirche kennt ihr?
- L informiert darüber, dass Zwingli die Bibel und die Predigt ins Zentrum gerückt hat. Wo erkennt man das im Grossmünster?
- Die Kinder suchen die ausgestellte Froschauerbibel im Chorraum und versuchen, etwas aus der alten Bibel zu lesen.

Informationen
- Dorothea Meyer-Liedholz u. a. *Wir glauben in Vielfalt. Arbeitshilfe mit Begleit-DVD für das 5.–7. Schuljahr (JuKi)*. Theologischer Verlag Zürich, Zürich 2011. S. 212–221. (L3.4 Das Grossmünster erzählt seine Geschichte)
- Flyer *Stadtrundgang* zu Grossmünster

(4) Kreuzgang beim Grossmünster (Eingang Zwingliplatz, links vom Hauptportal des Grossmünsters führt eine Treppe hinauf zum Kreuzgang)

Huldrych Zwingli gründete 1525 im Chor des Grossmünsters (mit Zugangstür zum Kreuzgang) die sogenannte Prophezei, eine Theologenschule (im Film «Schule für Pfarrer» genannt). Fast täglich übersetzten Studierende und Gelehrte dort die Bibel aus den Originalsprachen Hebräisch und Griechisch ins Deutsche, legten die Bibel aus und predigten dem Volk.

Thema: Prophezei und Bibelübersetzung

Aktivitäten
- Die Kinder schreiben ihren Namen mit griechischen Buchstaben (StR3, Stifte)

Informationen
- Flyer *Stadtrundgang* zum Kreuzgang

(5) Haus zur Sul

Das Haus zur Sul (Kirchgasse 22 / Ecke Neustadtgasse) war Zwinglis Amtswohnung ab 1522. In der Nachbarschaft wohnte die Witwe Anna Reinhart mit ihren drei Kindern. Zwingli und Anna verliebten sich. Sie hielten ihre Liebesbeziehung geheim, weil diese nach Kirchengesetz für Priester verboten war. Sie heirateten im Frühling 1524, wenige Monate vor der Geburt ihrer ersten Tochter. Ihre Hochzeit war eine der ersten Pfarrerhochzeiten.

Thema: Huldrych Zwingli und Anna Reinhart

Aktivitäten
- Die Kinder lesen die Tafelinschrift auf der Hausfassade: «Zwinglis Amtswohnung ab 1522».
- L liest Auszüge aus einem (Liebes-)Brief Zwinglis an seine Frau Anna Reinhart vor (StR4).
- Variante für Jugendliche: zusätzliche Bildbetrachtung: Zwinglis Tochter Regula Gwalther-Zwingli und deren Tochter Anna (StR5). Anschliessend Gespräch zur damaligen Kleidermode für Frauen und Mädchen.

Informationen
- Dorothea Meyer-Liedholz u. a. *Wir glauben in Vielfalt. Arbeitshilfe mit Begleit-DVD für das 5.–7. Schuljahr (JuKi)*. Theologischer Verlag Zürich, Zürich 2011. S. 187. (W3.6 Anna Reinhart)
- Flyer *Stadtrundgang* zu Helferei und Haus zur Sul

(6) Helferei

Zwingli starb in einem Krieg, den er selbst befürwortet hatte. Er wollte durchsetzen, dass die evangelische Predigt auch in der Innerschweiz erlaubt wird, notfalls auch mit kriegerischen Mitteln. Hier hat sich Zwinglis Haltung verändert, wenn man bedenkt, wie Zwingli in seiner Anfangszeit in Zürich gegen das Reislaufen (Söldnertum) gekämpft hatte.

Thema: Aufbruch in den Zweiten Kappelerkrieg

Aktivitäten
- Die Kinder lesen die Tafelinschrift auf der Hausfassade der Helferei (Kirchgasse 13): «Zwinglis Amtswohnung – von diesem Haus zog er am 11. Oct. 1531 mit dem Heere der Zürcher nach Kappel aus wo er für seinen Glauben starb» (siehe auch Baustein 1/M1.7).
- L erzählt von Zwinglis Tod auf dem Schlachtfeld von Kappel.
- Variante für Jugendliche und Erwachsene: Diskussion: Darf man Krieg führen für eine religiöse Überzeugung?

Informationen
- G1, G2 (siehe dort *Literatur/Medien/Links*), M3.1, M3.2
- Flyer *Stadtrundgang* zu Helferei und Haus zur Sul

(7) Zwingliportal (Südseite des Grossmünsters)

Das Zwingliportal wurde 1939 vom Bildhauer Otto Münch geschaffen. Von den 24 Tafeln zeigen 20 wichtige Ereignisse oder Personen der (Zürcher) Reformation.

Thema: Wichtige Ereignisse der Zürcher Reformation

Aktivitäten
- Betrachten des Zwingliportals (StR6). Fragen für das Gespräch:
  - Auf welchen Tafeln ist Zwingli zu sehen?
  - Was könnt ihr anhand der Tafeln über sein Leben herausfinden?
- L erzählt anhand ausgewählter Tafeln von wichtigen Ereignissen der Reformationsgeschichte. Mögliche Auswahl: Zwingli als Musikant, Zwingli als Feldprediger, Zwingli als Prediger, gemeinsame Übersetzung der Bibel, Mushafen, Zwinglis Familie, Kappeler Milchsuppe, Zwinglis Tod

Informationen
- Flyer *Stadtrundgang* zum Zwingliportal
- Robert Heinrich Oehninger. *Das Zwingliportal am Grossmünster in Zürich.* Verlag Neue Zürcher Zeitung, Zürich ³2004.

(8) Bullinger-Statue am Grossmünster (Nordseite des Grossmünstern, rechts der Bibeltür)

Nach Zwinglis Tod 1531 wurde der junge Heinrich Bullinger als Vorsteher (Antistes) der Zürcher Kirche gewählt. 44 Jahre lang leitete Bullinger die Kirche und festigte die Reformation.

Thema: Heinrich Bullinger, der Nachfolger Zwinglis

Aktivitäten
- Die Kinder lesen die Inschrift zur Bullinger-Statue. Wer war Heinrich Bullinger?
- L informiert über Bullingers Verdienste um den Fortbestand der Zürcher Kirche und der Refomation. Bullinger wurde noch zu Lebzeiten «Vater der reformierten Kirche» genannt.
- Die Kinder suchen am Zwingliplatz (vor dem Grossmünster) das Haus mit der Aufschrift «Antistitium». Hier war das Wohnhaus der Familie Bullinger. Nach Zwinglis Tod wohnte Anna Reinhart mit ihren Kindern im Haus der Familie Bullinger.

Informationen
- Patrik Müller. *Heinrich Bullinger. Reformator, Kirchenpolitiker, Historiker.* Theologischer Verlag Zürich, Zürich ³2016.
- Flyer *Stadtrundgang* zur Bullinger-Statue

(9) Froschaugasse

Der Buchdrucker und Verleger Christoph Froschauer druckte die Zürcher Bibel und viele weitere reformatorische Schriften Zwinglis. In seinem früheren Haus (dieses befand sich 1522 noch nicht an der Froschaugasse, sondern vermutlich an der Ecke Zähringerstrasse/Gräbligasse) fand das berühmte Wurstessen statt.

Thema: Fastenbruch mit dem Wurstessen im Haus von Christoph Froschauer

Aktivitäten
- Die Kinder suchen den Weg vom Grossmünster zur Froschaugasse. Dazu bilden sie Gruppen, die je einen Ausschnitt aus dem Murer-Stadtplan von Zürich (1576) erhalten. Finden die Gruppen den Weg vom Grossmünster zur Froschaugasse mithilfe des alten Stadtplans? (StR7)
- Vor dem Haus Froschauers (Froschaugasse 18) erzählt L vom provokativen Wurstessen während der Fastenzeit. Zwingli stellte sich auf die Seite der Fastenbrecher. Das war der Beginn der Reformation in Zürich.
- Fragen für das Gespräch:
  - Was hatte Zwingli gegen die Fastenvorschriften? Warum hat er sich auf die Seite der Fastenbrecher gestellt?
  - Was ist der Sinn einer Fastenzeit? Evtl.: Welche Fastenregeln gibt es in den Religionen? (siehe Baustein 2 / M2.1, M2.5)

Informationen
- Dorothea Meyer-Liedholz u. a. *Wir glauben in Vielfalt. Arbeitshilfe mit Begleit-DVD für das 5.–7. Schuljahr (JuKi).* Theologischer Verlag Zürich, Zürich 2011. S. 201–211. (L3.3 Wurstessen für die evangelische Freiheit)
- Flyer *Stadtrundgang* zur Froschaugasse

(10) Predigerkirche

Thema: Die neue Armenfürsorge – der «Mushafen»

Zwingli und der Rat der Stadt organisierten 1525 die Armenfürsorge neu. Täglich wurde Bedürftigen am «Mushafen» gratis eine warme Mahlzeit geschöpft.

Aktivitäten
- L informiert über den Mushafen bei der Predigerkirche, der ein Teil der neuen Armenfürsorge der Stadt Zürich war.
- Die Kinder essen das Mus, das L vorgängig gekocht und zum Probieren mitgebracht hat (StR8).

Informationen
- Dorothea Meyer-Liedholz u. a. *Wir glauben in Vielfalt. Arbeitshilfe mit Begleit-DVD für das 5.–7. Schuljahr (JuKi).* Theologischer Verlag Zürich, Zürich 2011. S. 257–266. (L3.8 Die neue Armenfürsorge)
- Flyer *Stadtrundgang* zur Predigerkirche

(11) Rathaus an der Limmat

Wichtige Entscheidungen wurden im Rathaus gefällt, z. B. die Einführung der Reformation, aber auch die Urteile gegen die Täufer. Zwingli hatte kein Stimmrecht im Rat, war aber als Berater sehr einflussreich.

Thema: Der Reformator und die Stadt Zürich

Aktivitäten
- Bildbetrachtung *Eine Disputation im Rathaus* (StR9)

Informationen
- G2 (siehe dort *Literatur/Medien/Links*)
- Flyer *Stadtrundgang* zum Rathaus

(12) Täufergedenktafel an der Limmat (Schipfe)

Mit den Täufern, dem radikalen Flügel der Zürcher Reformation, kam es zu einem tiefen Konflikt, der für die Täufer Geldbussen, Gefängnisstrafen, Folter, Verbannungen und Hinrichtungen durch Ertränken brachte. Erst 2004 entschuldigte sich die reformierte Kirche Zürich bei den Täufern.

Thema: Die Täufer

Aktivitäten
- L erzählt vom Konflikt mit den Täufern, der mehreren Täuferführern das Leben kostete. (Variante: Baustein 3 / M3.3 oder mit dem Zwingli-Comic arbeiten.)

- Die Kinder lesen die Gedenktafel an der Limmat (Schipfe). Warum wurden die Täufer hingerichtet? Bis wann?
- Diskussion: Wie gehen Menschen verschiedenen Glaubens heute in der Schweiz miteinander um? Gibt es Konflikte? Wie werden sie gelöst? Was braucht es, damit der Frieden zwischen den Religionen bestehen bleibt?

Informationen

- G2 (siehe dort *Literatur/Medien/Links*), Baustein 3/M3.3
- Dorothea Meyer-Liedholz/Kati Rickenbach. *Mit vollem Einsatz. Ein Comic über das Leben von Huldrych Zwingli.* Theologischer Verlag Zürich, Zürich [2]2014. S. 16–18.23–25. (Zwingli-Comic)
- Dorothea Meyer-Liedholz u. a. *Wir glauben in Vielfalt. Arbeitshilfe mit Begleit-DVD für das 5.–7. Schuljahr (JuKi).* Theologischer Verlag Zürich, Zürich 2011. S. 235–244. (L3.6 Der Täufer und der Reformator)
- Flyer *Stadtrundgang* zur Schipfe; Baustein 1/M1.3 (Foto Gedenktafel)

Bonus-Material

- BStR1 Flyer *Stadtrundgang*

StR 1

Einstiegsquiz zu Huldrych Zwingli

Auf dem Boden werden mit genügend Abstand drei DIN-A4-Blätter mit dem Buchstaben A, B bzw. C ausgelegt. L liest die Sätze mit den drei möglichen Weiterführungen (Lösungen) vor. L zählt rückwärts, beginnend mit fünf, und sagt dann Stopp. Die Kinder springen, während L zählt, zum Buchstaben mit der Lösung, die sie für richtig halten. Dann gibt L die richtige Lösung bekannt. Jede richtige Lösung ergibt einen Punkt.
Hinweis: Die richtigen Lösungen sind in **fetter Schrift** hervorgehoben.

1. Familie/Herkunft
Zwingli stammte
A aus einer reichen Zürcher Familie
B aus einer Bauernfamilie im Toggenburg
C aus der unehelichen Beziehung eines Chorherrn (eine Art Mönch)

2. Krankheit
Zwingli ist mit 35 Jahren beinahe
A an Aids gestorben
B an Aussatz (Lepra) gestorben
C an der Pest gestorben

3. Frauen
Zwingli heiratete
A nie
B seine geheime langjährige Freundin
C eine ehemalige Nonne

4. Bischof von Konstanz (katholischer «Chef» von Zwingli)
Zwingli hatte zum ersten Mal mit dem Bischof Streit wegen
A eines Heiligenbilds
B seiner Freundin
C einer Wurst

5. Täufer
Ein ehemaliger Mitstreiter und Freund von Huldrych Zwingli wurde (mit Zwinglis Zustimmung) als Aufrührer
A in der Limmat ertränkt
B auf dem Scheiterhaufen verbrannt
C an den Galgen gehängt

6. Zwinglis Tod im Zweiten Kappelerkrieg 1531
Zwinglis Leichnam wurde
A nach Zürich überführt und im Grossmünster beigesetzt
B in einen Strassengraben geworfen
C gevierteilt und verbrannt

Hinweis: Quiz kann je nach Zielpublikum und Schwerpunkt mit anderen Fragen erweitert werden.

AH Zwingli / Stadtrundgang: Bibel, Hafermus und Schwert

StR 2

Das Pestlied – im Original und in heutigem Deutsch

Strophe 1 des Pestlieds

Hilff, Herr Gott hilff in diser not! Ich mein, der tod sig an der thür; stand, Christe, für, dann du jn überwunden hast! Zů dir ich gilff. Ist es din will, züch uß den pfyl, der mich verwundt, nit laßt ein stund mich haben weder růw noch rast!	Hilf, Herr Gott, hilf in dieser Not! Mir scheint, der Tod stehe an der Tür; Christus, stell dich entgegen ihm, denn du hast ihn überwunden. Zu dir schreie ich. Ist es dein Wille, so zieh heraus den Pfeil, der mich verdirbt, der nicht eine Stunde lässt mich haben Ruh und Rast.
Wilt du dann glych tod haben mich In mitz der tagen min, so soll es willig sin. Thůn, wie du wilt; mich nüt befilt. Din haf bin ich; mach gantz ald brich! Dann, nimmst du hin den geiste min Von dieser erd, thůst du's, das er nit böser werd ald andren nit befleck jr Läben fromm und sit.	Willst du denn doch mich haben tot inmitten meiner Tage, so willige ich gerne ein. Tu, wie du willst; nichts halte ich für unannehmbar. Dein Gefäss bin ich; stelle es wieder her oder zerbrich es. Denn, wenn du meinen Geist wegnimmst von dieser Erde, tust du es, damit er nicht schlechter werde oder anderen Menschen nicht ihre rechtschaffene Lebensführung beschmutze.

Strophe 2 des Pestlieds

Tröst, Herr Gott, tröst! Die kranckheit wachßt; Wee und angst faßt min seel und lyb. Darumb dich schyb gen mir, einiger trost, mit gnad, die gwüß erlößt ein yedern, der sin hertzlich bgär und hoffnung setzt in dich, verschetzt darzů diß zyts all nutz unnd schad.	Steh bei, Herr Gott, steh bei! Die Krankheit wird schlimmer; Schmerz und Beengung erfassen meine Seele und meinen Leib. Darum komm zu mir, einzige Hilfe, mit der Gnade, die gewiss von den Fesseln löst jeden, der sein herzliches Verlangen und seine Hoffnung setzt auf dich, und dem darum gleichgültig sind Gewinn und Verlust in diesem Leben.
Nun ist es umb; min zung ist stumm, mag sprechen nit ein wort; min sinn sind all verdort. Darumb ist zyt, das du min stryt fürist fürhin, so ich nit bin so starck, das ich mög dapfferlich thůn widerstand des Tüffels facht und fräffner hand. Dort wirt min gmůt stät blyben dir, wie er joch wüt	Nun ist es zuende; meine Zunge ist stumm, vermag kein Wort mehr zu sagen; meine Sinne sind alle verdorrt. Darum ist es Zeit, dass du meinen Kampf fortan führst, denn ich bin nicht so stark, dass ich wirksam Widerstand leisten könnte dem Fallstrick und frechen Zugriff des Teufels. Jedoch wird meine Seele dir treu bleiben, wie immer er auch wüte.

AH Zwingli / Stadtrundgang: Bibel, Hafermus und Schwert

StR 2

Strophe 3 des Pestlieds

Gsund, Herr Gott, gsund! Ich mein, ich ker schon widrumb här. Ja, wenn dich dunck, der sünden funck werd nit mer bherrschen mich uff erd, so můß min mund din lob und leer ußsprechen mer, dann vormals ye, wie es joch gee, einfaltigklich on alle gferd.	Gesund, Herr Gott, gesund! Mir scheint, ich kehre unversehrt wieder zurück. Ja, wenn du der Ansicht bist, dass der Sünde Glut mich auf Erden nicht mehr beherrschen wird, so muss mein Mund dein Lob und deine Lehre verkünden mehr als je zuvor, wie es immer möglich ist, unbefangen ohne jede Arglist.
Wiewol ich můß des todes bůß erlyden zwar ein mal, vilicht mit grösserm qual, dann yetzund wer geschähen, her, so ich sust bin nach gfaren hin, so will ich doch den trutz und boch in diser wält tragen frölich umb widergelt mit hilffe din on den nüt mag volkommen sin.	Wiewohl ich die Strafe des Todes einmal werde erleiden müssen – vermutlich mit grösserer Qual, als es jetzt geschehen wäre; besser [werde ich dann sterben], da ich ohnehin schon fast gestorben bin – so will ich doch Widerstand und Gewalt in dieser Welt ohne Furcht ertragen um spätern Lohn mit deiner Hilfe, du, ohne den nichts vollkommen sein kann.

Aus: Thomas Brunnschweiler / Samuel Lutz (Hrsg.). *Huldrych Zwingli. Schriften.* Bd. 1. Theologischer Verlag Zürich, Zürich 1995. S. 6–11.

StR 3

Griechisch – die Originalsprache des Neuen Testaments

Die Bibel ist ursprünglich in Hebräisch (Altes Testament) und Griechisch (Neues Testament) geschrieben. Nur wenige Gelehrte konnten diese alten Sprachen lesen und verstehen. Zwingli aber wollte, dass alle Leute die Bibel selbst lesen können. Deshalb machte er sich 1525 zusammen mit Sprachgelehrten an die Arbeit und übersetzte die ganze Bibel ins Deutsche. 1529 war die erste Zürcher Bibel fertig. Zwei Jahre später, 1531, wurde sie beim Zürcher Drucker Christoph Froschauer gedruckt.

Das Neue Testament wurde vor fast 2000 Jahren in Griechisch geschrieben. Das griechische Alphabet hat 26 Buchstaben, die sich von unseren Buchstaben unterscheiden.

Aa	Bb	Gg	Dd	Ee	ds
Αα	Ββ	Γγ	Δδ	Εε	Ζζ
alpha	beta	gamma	delta	epsilon	zeta
Ää	th	Ii	Kk	Ll	Mm
Ηη	Θθ	Ιι	Κκ	Λλ	Μμ
eta	theta	iota	kappa	lambda	mu
Nn	Xx	Oo kurz	Pp	Rr	Ss (Schluss-s)
Νν	Ξξ	Οο	Ππ	Ρρ	Σσ(ς)
nu	xi	omicron	pi	rho	sigma
Tt	Üü	Ph ph	Ch ch	Ps ps	Oo lang
Ττ	Υυ	Φφ	Χχ	Ψψ	Ωω
tau	upsilon	phi	chi	psi	omega

©Evangelisch-reformierte Landeskirche des Kantons Zürich / Alex Macartney

Schreibe deinen Namen mit griechischen Buchstaben.

____

AH Zwingli / Stadtrundgang: Bibel, Hafermus und Schwert
©Evangelisch-reformierte Landeskirche des Kantons Zürich

StR 4

Huldrych schreibt Anna einen Brief

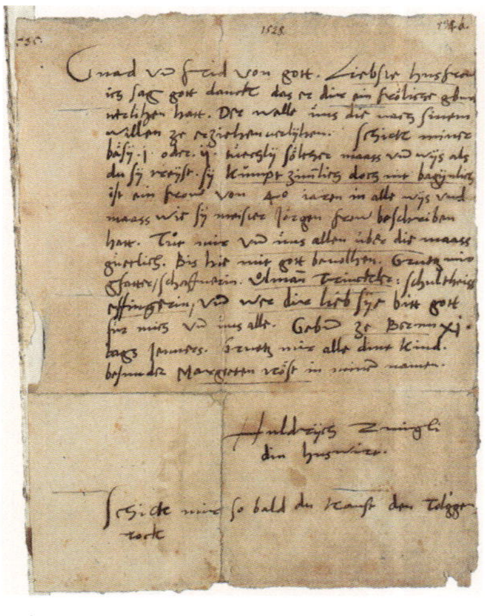

Brief von Huldrych Zwingli an seine Frau Anna Reinhart, Bern, 11. Januar 1528. ©Zentralbibliothek Zürich, Handschriftenabteilung, Ms. F 46, Bl.534a/b

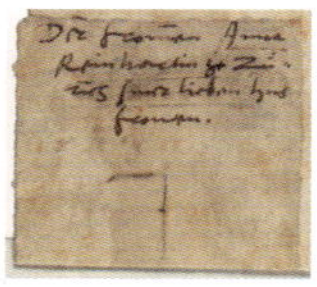

Ausschnitt der Rückseite des Briefs

Der frommen Anna Reinhardin ze Zurich seiner lieben husfrowen

Gnade und Friede von Gott
Liebste Hausfrau, ich sage Gott Dank, dass er dir eine fröhliche Geburt verliehen hat;
er wolle uns die nach seinem Willen zu erziehen verleihen.
Schicke meiner Base ein oder zwei Tüchlein von solcher Art und Weise, wie du sie trägst.
Sie kommt sittsam, doch nicht (allzu schlicht) wie eine Beghine (Nonne), ist eine Frau von vierzig Jahren, in der Art und Weise, wie sie Meister Jörgens Frau beschrieben hat.
Tut mir und uns allen über die Massen gütlich.
Sei treu mit Gott befohlen.
Grüsse mir die Gevatter Schaffnerin, Ulman Trinkler, Schultheiss Effingerin und wer dir lieb ist.
Bitte Gott für mich und uns alle.
Gegeben zu Bern den 11. Tag Jänner 1528.
Grüsse mir alle deine Kinder, besonders Margarethe tröste in meinem Namen.

Huldrych Zwingli
Dein Hauswirt

Schicke mir, sobald du kannst, den Tolggenrock.

Übertragung des Briefs ©Zentralbibliothek Zürich, Handschriftenabteilung, Ms. F 46, Bl.534c

AH Zwingli / Stadtrundgang: Bibel, Hafermus und Schwert
©Evangelisch-reformierte Landeskirche des Kantons Zürich

StR 5

Regula Gwalther-Zwingli und ihre Tochter Anna

Hans Asper, *Regula Gwalther-Zwingli und ihre Tochter Anna Gwalther* (1549). Regula Gwalther-Zwingli (1524–1565) war eine Tochter von Huldrych Zwingli und Anna Reinhart. ©Zentralbibliothek Zürich, Graphische Sammlung und Fotoarchiv

AH Zwingli / Stadtrundgang: Bibel, Hafermus und Schwert
©Evangelisch-reformierte Landeskirche des Kantons Zürich

StR 6

Das Zwingliportal des Grossmünsters

Das Zwingliportal befindet sich an der Südseite des Grossmünsters. Es wurde 1939 vom Bildhauer Otto Münch geschaffen und besteht aus 24 bronzenen Tafeln. 20 Tafeln zeigen Szenen, die mit Zwinglis Leben und Wirken oder mit Ereignissen und Wirkungen der (Zürcher) Reformation zu tun haben. Die Illustratorin Nicole Lang hat das Zwingliportal nachgezeichnet und die Figur Zwinglis jeweils blau eingefärbt.

1. Reihe:
Stadtwappen Zürich – nach der Niederlage von Kappel – Glaubensflüchtlinge aus Locarno – Signet des Zürcher Kirchenrats

2. Reihe:
Ketzerverbrennung in Schwyz – die Reformatoren Johannes Comander (Chur), Berchtold Haller (Bern), Ambrosius Blarer (Konstanz) – die Reformatoren Huldrych Zwingli (Zürich), Vadian/Joachim von Watt (St. Gallen) und Johannes Oekolampad (Basel) – Zwinglis Tod bei Kappel

3. Reihe:
Mushafen – Zwingli unterwegs nach Bern – Kappeler Milchsuppe 1529 – Zwingli und Luther in Marburg

4. Reihe:
Die Disputation in Baden – im Kreis der Familie Zwingli – Übersetzung der Bibel – Papstkritiker Ulrich von Hutten auf der Ufenau

5. Reihe:
Zwingli, der Prediger – Ittinger Klostersturm – Blutgericht zu Baden – Feier des reformierten Abendmahls

6. Reihe:
Die Zürcher Stadtheiligen Felix, Regula und Exuperantius – Zwingli, der Musikant – Zwingli als Feldprediger in Monza – Karl der Grosse

©Evangelisch-reformierte Landeskirche des Kantons Zürich/Nicole Lang

StR 7

Ausschnitt aus dem Murerplan (1576)

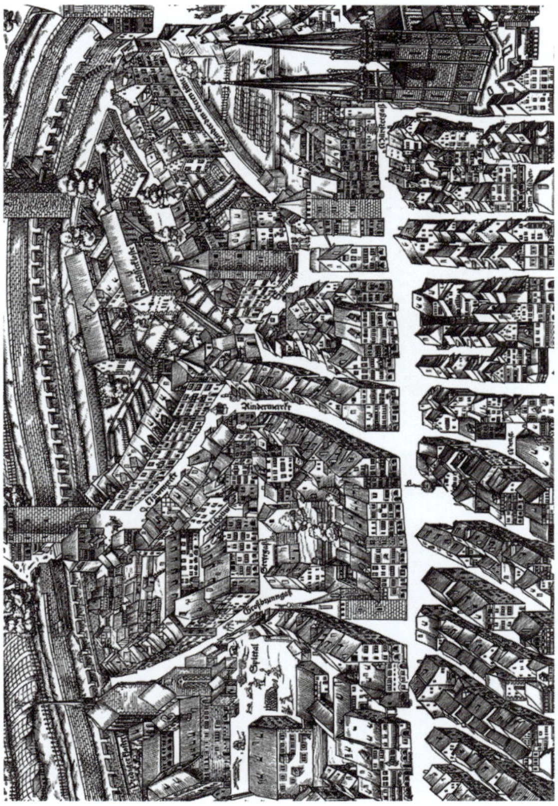

Ausschnitt aus dem Murerplan (links von der Bildmitte die «Froschouw»/Froschaugasse) © Schweizerisches Nationalmuseum, Zürich, DIG-10187

StR 8

Rezept für ein Hafermus wie zu Zwinglis Zeiten

Zutaten
1 l Milch
200 g Haferflocken
1 Prise Salz
2 EL Honig (flüssig)

Zubereitung
Alle Zutaten – ohne den Honig – in eine Pfanne geben und bei kleiner Hitze 15–20 Min. weich kochen. Immer wieder rühren, bis der Brei dicklich wird. Dann das Mus von der Herdplatte nehmen und mit dem Honig süssen.

Tipp: Zur Verfeinerung einige Rosinen oder andere gedörrte Früchte dazugeben.

©Judith Stutz

StR 9

Eine Disputation im Rathaus

Erste Zürcher Disputation im Januar 1523 im Rathaus. Die Zeichnung findet sich in Heinrich Thomanns Abschrift (1605/06) von Heinrich Bullingers Reformationsgeschichte. ©Zentralbibliothek Zürich, Handschriftenabteilung, Ms. B 316, f. 75v

Die Zürcher Unterrichtshilfen: Alle Arbeitshilfen und Begleitmaterialien

Konf, *Wir leben in Beziehungen* – Arbeitshilfe mit 2 Begleit-DVDs und 103 Karten [Eure Wahl!] für die Konfirmationsarbeit, Ringordner für DIN-A4, 702 Seiten, TVZ 2014
ISBN 978-3-290-17725-6, CHF 150,00 • EUR 136,00

Konf, *FaithBook. Inspirationen zum Glauben.* Begleitbuch für die Jugendlichen, 80 Seiten mit 18 QR-Codes, 17 × 22 cm, TVZ 2014
ISBN 978-3-290-17726-3, CHF 18,00 • EUR 16,50

JuKi, *Wir glauben in Vielfalt* – Arbeitshilfe mit Begleit-DVD (5.–7. Schuljahr), Schweizer Broschur DIN-A4, 483 Seiten, TVZ 2011
ISBN 978-3-290-17571-9, CHF 70,00 • EUR 63,50

JuKi, *Auf Paulus' Spuren* – Poster DIN-A2 mit 30 farbigen Aufklebern zum Themenfeld 2 (5.–7. Schuljahr), TVZ ^{2}2015
ISBN 978-3-290-17572-6
Set à 7 Stück: CHF 28,00 • EUR 28,00

JuKi, *Mit vollem Einsatz. Ein Comic über das Leben von Huldrych Zwingli* – Begleitheft zum Themenfeld 3 (5.–7. Schuljahr), DIN-A5, 32 Seiten, TVZ ^{2}2014
ISBN 978-3-290-17573-3, CHF 6,00 • EUR 5,50

JuKi, *Menschen glauben in Vielfalt* – Begleitheft zum Themenfeld 6 (5.–7. Schuljahr), DIN-A5, 32 Seiten, TVZ 2011
ISBN 978-3-290-17574-0, CHF 6,00 • EUR 5,50

Club 4, *Wir entdecken die Bibel* – Arbeitshilfe
mit Begleit-DVD und 36 Postenblättern (4. Schuljahr),
Schweizer Broschur DIN-A4, 269 Seiten, TVZ ²2012
ISBN 978-3-290-17652-5, CHF 70,00 • EUR 63,50

Club 4, *Wir entdecken die Bibel* – Schülerbuch
(4. Schuljahr), DIN-A4, 104 Seiten, TVZ ³2018
ISBN 978-3-290-17446-0, CHF 22,00 • EUR 20,00

3. Klass-Unti, *Wir leben Kirche* – Arbeitshilfe
mit Begleit-DVD (3. Schuljahr), Schweizer Broschur
DIN-A4, 262 Seiten, TVZ ²2012
ISBN 978-3-290-17651-8, CHF 70,00 • EUR 63,50

3. Klass-Unti, *Wir leben Kirche* – Schülerbuch
(3. Schuljahr), DIN-A4, 104 Seiten, TVZ ³2015
ISBN 978-3-290-17482-8, CHF 22,00 • EUR 20,00

minichile, *Wir gehören zusammen* – Arbeitshilfe
mit Begleit-DVD (2. Schuljahr), Schweizer Broschur
DIN-A4, 224 Seiten, TVZ ²2014
ISBN 978-3-290-17747-8, CHF 70,00 • EUR 63,50

minichile, *Wir gehören zusammen* – Schülerbuch
(2. Schuljahr) DIN-A4, 92 Seiten, TVZ ²2014
ISBN 978-3-290-17444-6, CHF 20,00 • EUR 18,00

minichile bis Club 4. *Geschichtenkiste. Neue Geschichten für minichile, 3. Klass-Unti und Club 4.*
Schweizer Broschur DIN A4, 148 Seiten, TVZ 2016
ISBN 978-3-290-17875-8, CHF 32,00 • EUR 28,90

Eltern- und Familienarbeit. *Eltern und Familien in der Kirche.*
Handbuch mit Begleit-DVD.
Ringordner für DIN A4, 290 Seiten, TVZ 2017
ISBN 978-3-290-17884-0, CHF 90,00 • EUR 82,00

Zu beziehen bei:
TVZ Theologischer Verlag Zürich
Badenerstrasse 73, CH-8004 Zürich
Tel. +41 (0)44 299 33 55, Fax +41 (0)44 299 33 58
tvz@ref.ch – www.tvz-verlag.ch

Die Zürcher Unterrichtshilfen werden von der Evangelisch-reformierten Landeskirche des Kantons Zürich herausgegeben und erscheinen im Theologischen Verlag Zürich.

Blickpunkt – Religion und Kultur

Lehrmittelreihe für den bekenntnisunabhängigen schulischen Unterricht im Fachbereich Religionen, Kulturen, Ethik auf allen Stufen.

Lehrplan 21

Mit «Blickpunkt» entdecken Kinder und Jugendliche Phänomene aus Kulturen und Religionen und nehmen Verschiedenartigkeit und Vielfalt wahr. Elementares Grundwissen hilft ihnen, sich in ihrer Lebenswelt zu orientieren und Sichtweisen anderer zu achten.

Blickpunkt 1 1.–3. Klasse

- Schülerinnen- und Schülerbuch (128 S., 26 × 19,5 cm, farbig illustriert, gebunden)
  ISBN 978-3-03713-595-2, CHF 33.30
- Kommentar für Lehrpersonen (160 S., A4, broschiert)
  ISBN 978-3-03713-596-9, CHF 62.40
- Klassenmaterial (224 S., A4, Ringbuch, inkl. CD-ROM mit Kopiervorlagen, Lösungen und PDF-Bilddateien)
  ISBN 978-3-03713-597-6, CHF 166.40
- Zwei Poster (70 × 100 cm, farbig illustriert)
  ISBN 978-3-03713-605-8, CHF 26.50

Blickpunkt 2 4.–6. Klasse

- Schülerinnen- und Schülerbuch (128 S., 26 × 19,5 cm, farbig illustriert, gebunden)
  ISBN 978-3-03713-599-0, CHF 33.30
- Kommentar für Lehrpersonen (152 S., A4, broschiert)
  ISBN 978-3-03713-600-3, CHF 62.40
- Klassenmaterial (232 S., A4, Ringbuch, inkl. CD-ROM mit Kopiervorlagen, Lösungen und PDF-Bilddateien)
  ISBN 978-3-03713-601-0, CHF 166.40

Blickpunkt 3 7./8. Klasse

- Schülerinnen- und Schülerbuch (184 S., A4, farbig illustriert, gebunden)
  ISBN 978-3-03713-602-7, CHF 40.30
- Kommentar für Lehrpersonen (160 S., A4, broschiert)
  ISBN 978-3-03713-603-4, CHF 62.40
- Klassenmaterial (202 S., A4, Ringbuch, inkl. CD-ROM mit Kopiervorlagen, Lösungen, PDF-Bilddateien, Diaserien und Audio-Materialien sowie DVD mit Kurzfilmen)
  ISBN 978-3-03713-604-1, CHF 194.20

Preise für Schulen auf Anfrage

LMVZ LEHRMITTEL VERLAG ZÜRICH

Zu beziehen bei:

Lehrmittelverlag Zürich
Räffelstrasse 32, CH-8045 Zürich
T +41 44 465 85 85, F +41 44 465 85 86
info@lmvz.ch, www.lmvz.ch